Vögel der Nordsee

GEORG QUEDENS

VÖGEL der NORDSEE

BREKLUMER VERLAG

Bildnachweis:
Konrad Heinzelmann, Seite 36, 64 und 80
Alle übrigen Aufnahmen einschließlich Kartenzeichnungen und Titelbildentwurf vom Verfasser

Für Hinweise und Materialien danke ich besonders den Herren Hans Meyer-Deepen (Spiekeroog), Gert Dahms, Wilhelm Lemke und Dr. Joachim Münzing vom Verein Jordsand, Manfred Carstens, Dr. Erich Lüthje und Otto G. Meyer vom Bund für Vogelschutz, Eitel Raddatz (Bremerhaven) von der SFG Knechtsand, Dr. Blaszyk vom Mellumrat und Manfred Sturm (Sylt), ferner den Kurverwaltungen von Borkum, Norderney und Langeoog und dem Bauamt für Küstenschutz (Norden).

4. Auflage 1987

© 1976 Breklumer Verlag
Gesamtherstellung: Breklumer Druckerei Manfred Siegel
Printed in Germany
ISBN 3-7793-1115-1

Inhalt

Einleitung

In kaum einer anderen Landschaft tritt die Vogelwelt so auffällig in Erscheinung wie auf den Inseln und Halligen im Wattenmeer der deutschen Nordseeküste. Die Weite des Meeres und der Watten und der hohe Himmel darüber machen die Vögel, auch ferne, so sichtbar. Zugleich sind Vögel, sei es in den Zugzeiten im Frühjahr und Herbst oder in der sommerlichen Brutzeit, an der Nordsee so häufig, wie sonst nirgends mehr im Lande.

See-, Strand- und Wasservögel, wie Brandgänse, Eiderenten, Austernfischer oder Möwen sind aber auch groß und deshalb ins Auge fallend. Einige davon, vor allem Austernfischer, sind außerdem sehr lautfreudig, so daß nicht nur die Vögel selbst, sondern auch ihre Rufe Luft und Landschaft in allen Jahreszeiten erfüllen. Silbermöwen sind, als Schiffsbegleiter ein erster Gruß der Vogelwelt an den zu den Inseln und Halligen fahrenden Feriengast, so wie ihr Flügelschlag beim Abschied auch das letzte Winken ist.

Die ständige Begegnung mit den Vögeln der Nordsee gehört zu den eindrucksvollsten Erlebnissen des naturentfremdeten Großstädters, und selbst in gleichgültigen Gemütern wird Interesse an der Natur geweckt. Wieder zuhause hat der Nordseebesucher in der Erinnerung an den Urlaub noch lange die Rufe der Möwen und Austernfischer im Ohr. Den Küstenbewohnern und Insulanern aber bedeutet die Vogelwelt ein lebendiges Stück ihrer Heimat.

Im Kreislauf des Jahres setzen die See- und Strandvögel den ersten Höhepunkt durch ihre Heimkehr zwischen März und Mai. Die »Vogelwolken« der Strandläufer, die Scharen der Wildgänse und die melodischen Flötenrufe nächtlich ziehender Regenpfeifer läuten das Ende des Winters ein. Bald darauf beginnt die Balz, die Verpaarung und Besetzung der Brutreviere. Zu keiner anderen Zeit ist es in der Meereslandschaft so laut und lebhaft wie nun. Über noch grauen Marschen schlägt der Kiebitz seine Kapriolen, und am Wattufer hinter dem Deich nimmt das Lärmen der Austernfischer kein Ende. Dazwischen »rarren« die Brandgänse, und von See her erklingt das »Ahuo« der Eidererpel. An warmen, windstillen Frühlingstagen steigt mit weichem »Djü-djü-djü« das Rotschenkelmännchen über den Wattwiesen auf, und Silbermöwen werben mit fast zärtlichen Rufen um ihre Weibchen.

Zwischen April und Juni liegt die Brutzeit dieser Vögel, und der Wanderer findet nun, vom Lärm besorgter Brutpaare begleitet, mehr oder weniger zufällig die offen am Boden liegenden Gelege. Wenn die Jungen geschlüpft sind, erreicht das Vogelleben noch einmal einen Höhepunkt – die Eltern haben jetzt alle Beine und Flügel voll zu tun, um ihre überwiegend nestflüchtenden Jungen durch das Gelände zu führen und zu verteidigen.

Ende Juli, wenn in den Inseldünen noch die aus Nachgelegen stammenden Jungen der Silbermöwen herumlaufen und auch das eine oder andere Austernfischer-Paar noch Nachwuchs führt, weil das erste Gelege durch Sturmfluten oder achtlose Wanderer zerstört wurde, mischen sich bereits die ersten Stimmen nordischer Rückzieher in den Chor der heimischen Brutvögel. Zuerst sind es einige Gestalten, dann werden Scharen daraus. Ihre wehmütigen Rufe, ihr südwärts gerichteter Flug stimmen uns allmählich auf das Ende des Sommers ein.

Ganz ohne Vogelleben ist die Nordseeküste im Herbst und Winter aber nicht. Je nach Eis- und Wetterlage halten sich im Watt Scharen von Austernfischern, Pfuhlschnepfen und Brachvögel auf, ebenso verschiedene Möwenarten, Eiderenten und andere nordische Enten, Gänse und Schwäne.

*

Das vorliegende Buch wendet sich in erster Linie an den naturinteressierten Besucher der Nordsee und ihrer Inseln und Halligen. Es soll bei der Bestimmung der Vögel helfen und etwas über das Vorkommen und die Lebensweise sagen. Alle zur Zeit an der deutschen Nordseeküste als Brutvögel festgestellten Arten von See-, Strand- und Wasservögeln, aber auch die wichtigsten Durchzügler werden hier vorgestellt. Wo Zahlen über Brutpaare angegeben sind, handelt es sich um Mittelwerte aus der Zeit um 1975, ergänzt 1985. Diese Zahlen unterliegen, besonders bei den Kolonienbrütern, vor allem Möwen und Seeschwalben, natürlich laufenden Veränderungen, so daß sie nur als Beispiel dienen sollen.

Nachdrücklich sei auf das Kapitel über den Vogelschutz hingewiesen (Seite 120)! Die dort beschriebenen Vorsichtsmaßnahmen sind nicht nur in den Bestimmungen des Naturschutzes und der Landschaftspflege verankert, sondern sollten uns allen eine selbstverständliche Verpflichtung sein.

Das Wattenmeer – Nahrungsraum für hunderttausende

Lebensraum und Brutrevier

Die Vielzahl der Vögel an der Nordseeküste erklärt sich in erster Linie aus dem Wattenmeer. Vor den Deichen der deutschen Bucht, um Inseln und Halligen, fällt bei Ebbe eine Wattenfläche von rund 5 000 Quadratkilometern trocken. – Hier finden die Vögel in Sand und Schlick einen reichgedeckten Tisch. Kleines Getier, wie Sandhüpfer und Schlickkrebse, die massenweise auf oder unter der Oberfläche wimmeln, Garnelen und Strandkrabben, die bei Ebbe in Wassertümpeln und Prielen zurückgeblieben sind, Meeresschnecken und Muscheln, aber auch die unterirdisch lebenden Wattwürmer und Seeringelwürmer, sind Nahrung der Vögel.

Eine weitere Nahrungsquelle ist der sich täglich aufs neue bildende Flutsaum am Strande. Hier wirft die Brandung manche Tiere aus ihrem Element, ob Seesterne, Seeigel oder gar große Taschen- und sonstige Krebse. Von See her werden zeitweilig Massen von Entenmuscheln an den Strand getrieben, und dann und wann stranden tote Seehunde oder Tümmler, die, wie das andere Seegetier unabhängig vom Verwesungsgrad von Möwen aufgefressen werden. Fische spie-

9

len dagegen als Nahrung für wenige Küstenvögel, für Seeschwalben, Lummen, Kormorane und bedingt für Eiderenten eine Rolle. Lediglich in der Laichzeit der Hornfische gelingt es den größeren Möwen gelegentlich, einen träge an der Wasseroberfläche schwimmenden Fisch zu fangen. Mit Ausnahme der nur bei Helgoland vorkommenden Dreizehenmöwe fehlt den anderen Möwenarten weitgehendst die Fähigkeit zum Fischen. Doch durch die Fischerei, z. B. durch den »Gammel« der Krabbenfischer, wird mancherorts den Möwen eine entsprechende Nahrungsmöglichkeit geboten.

Während der täglich neu gedeckte Tisch des Wattenmeeres die Vielzahl der Vögel erklärt, wird das Vorhandensein der Brutvogelarten durch die Formen der Landschaften bestimmt. Auf Sandbänken und Sandstränden finden Austernfischer, Sand- und Seeregenpfeifer, Küsten- und Zwergseeschwalben ihre Brutreviere. Austernfischer sind allerdings auch in allen anderen Küstenlandschaften zu finden. Am Wattufer und in den Wattwiesen haben Rotschenkel, Uferschnepfe und Kampfläufer ihre Nester; Vögel, die wir auch in den eingedeichten Marschen der Köge und Groden antreffen, wo auch der Kiebitz seine Brutplätze hat. Säbelschnäbler beanspruchen lagunenartige Landschaften, wie sie in natürlicher Weise in Wattenbuchten vorhanden sind, aber auch durch Eindeichungsmaßnahmen entstanden. Silber-, Herings- und Sturmmöwen brüten vor allem in den Inseldünen, während Lachmöwen pflanzenreiche Gewässer und Feuchtgelände bevorzugen. Die Brandgans ist auf Höhlen angewiesen, die sie in Bunkerruinen, vor allem aber in den Bauen der Wildkaninchen vorfindet, während die Eiderente keinerlei Ansprüche an ihren Brutplatz stellt. Der Felsen von Helgoland schließlich ist das Refugium einiger Hochseevögel.

Besonders dicht besiedelte Brutplätze auf Inseln, Halligen und an der Festlandsküste sind als Natur- oder Vogelschutzgebiete ausgewiesen (s. Seite 108) und werden in der Brutzeit durch einen Vogelwart bewacht oder durch Zäune und Hinweisschilder abgegrenzt.

Die Brandgans

Bis heute ist sich die ornithologische Fachwelt nicht einig, ob die Bezeichnung Brand g a n s oder Brand e n t e die genauere ist. Neuerdings überwiegt wieder die Benennung Gans, weil Lebensweise und Gefiedergestalt der Brandgans (Lat. Tadorna tadorna) weitgehend mit den echten Gänsen übereinstimmen. Ganter und Gans tragen ein gleichartiges Federkleid, kontrastreich schwarz-weiß mit rostbraunem Brustband. Doch sind die Gefiederfarben des größeren Ganters auffallend kräftiger. Und während der Brutzeit trägt er auf dem karminroten Schnabel einen Höcker. Im Gegensatz zu den Enten bleibt auch bei den Brandgänsen, wie bei den echten Gänsen, die Verpaarung über die eigentliche Brutzeit hinaus jahre-, vielleicht sogar lebenslang bestehen.

Brandgänse sind die häufigsten aller Wildgans- bzw. Wildentenarten an der deutschen Nordseeküste und setzen dem grauen Watt dank ihres farbenfrohen Gefieders überall leuchtende Farbtupfer auf, wenn sie bei Ebbe mit langen Hälsen in den Wasserlachen oder an den Prielrändern nach Nahrung schnabeln. Außerdem sind sie in der Brutzeit sehr lebhaft und fallen durch das Hin und Her ihrer Streitigkeiten oder ihrer Rufe auf. Das laute »Rakrakrakrakrak« oder »Rarar rarar« ist jedoch die Stimme der Gans. Der Ganter läßt nur einen dünnen, gepreßt klingenden Pfeifton hören, wobei er mit hochgestrecktem Hals den Kopf aufwirft.

Außer an der Nordseeküste kommt die Brandgans bis hinauf zur nordnorwegischen Küste, bis hinunter zur Bretagne, rund um Irland und Großbritannien sowie in der westlichen Ostsee vor. In den letzten Jahrzehnten ist sie auch entlang der großen Flüsse Rhein, Weser und Elbe weit landeinwärts als Brutvogel registriert worden. Bemerkenswert ist, daß die Brandgans ein zweites, größeres Verbreitungsgebiet hat, das ohne Verbindung zum nordwesteuropäischen Küstenraum vom Schwarzen Meer über das Kaspische Meer bis weit hinein nach China reicht. Hier brütet sie an den Küsten der großen Seen oder an flachen Salzseen der Steppengebiete.

Während des Winterhalbjahres treiben sich die Brandgänse in großen Scharen auf eisfreien Wattenflächen der südlichen und westlichen Nordseeküste herum, doch sind sie auch in milden Wintern vor der schleswig-holsteinischen Westküste zu finden. Spätestens im März stellen sie sich auf ihren Brutplätzen wieder ein, um an Küsten und Wattufern aufgeregt zu balzen oder, da sie meistens schon fest verpaart sind, Revierkämpfe auszufechten. Diese Kämpfe sind besonders dort intensiv, wo die Brandgans, wie auf manchen Düneninseln der Nordsee, sehr häufig ist und sich ein entsprechender Platzmangel auswirkt. Später, im Mai, finden solche Kämpfe auch unmittelbar an den Brutplätzen statt.

Die Brandgans ist Höhlenbrüter. Das auffällige, tarnungslose Gefieder zwingt sie dazu, sich während der rund vierwöchigen Brut im Dunkel einer Höhle zu verbergen. Diese Höhlen findet die Brandgans vor allem in den Dünen mehrerer Ost- und Nordfriesischer Inseln, wo dank der Häufigkeit von Wildkaninchen geeignete Brutstätten vorhanden sind. Dabei besetzt die Brandgans nicht nur unbewohnte Kaninchenhöhlen, sondern treibt auch manchen Nager aus seinem Bau. Des öfteren muß sie jedoch in Kauf nehmen, daß ihr Gelege während ihrer Abwesenheit vom Wildkaninchen wieder aus der Höhle herausgescharrt oder so stark von Sand bedeckt wird, daß es aufgegeben werden muß. Andernorts sucht und findet die Brandgans unter angespülten Kisten, kieloben liegenden Booten oder, wie auf Sylt und Wangerooge, geeignete Nistplätze in den Ruinen gesprengter militärischer

Brandgans-Junge verlassen die Bruthöhle

Brandganspaar mit Jungen

Anlagen. Brandgansgelege werden aber auch in Heu- und Strohhaufen oder unter Fußböden von Strandschuppen entdeckt. Als wohl ungewöhnlichsten Brutplatz wählte sich eine Brandgans die Schlafkoje im Rettungsraum der Bake auf dem riesigen Süderoog-Sand. Hier hatte die Gans mit zielsicherem Anflug durch eine zerbrochene Fensterscheibe einen Zugang gefunden. Ein Rätsel blieb, wie die Jungen nach dem Schlüpfen aus dem etwa 10 m über dem Sandboden stehenden Raum herauskamen. Sie können nur, eines nach dem anderen, mit dem Schnabel herausgetragen worden sein. Daß Brandgänse ihre Jungen derart über Mauern u. a. Hindernisse tragen, wurde bereits auf Wangerooge beobachtet.

In ihrem osteuropäischen und asiatischen Verbreitungsgebiet brütet die Brandgans oft in den Bauten von Steppenfüchsen, die an sich zu den natürlichen Feinden der Gans gehören. Offenbar wird hier, der auch bei anderen Raubwildarten beobachtete »Hausfrieden« in Anspruch genommen, bzw. seitens des Fuchses respektiert.

Dort, wo die Brandgans keine natürlichen Nisthöhlen vorfindet, wie z. B. auf den Halligen, wurden und werden künstliche Höhlen angelegt. Dabei handelt es sich um einige Meter lange Gänge, die mit Brettern und Grassoden abgedeckt sind, deren kesselartig erweitertes Ende sich jedoch mühelos öffnen läßt. Durch diese Öffnung wird der Brandgans – sozusagen als Gegenleistung für den Bau einer Nisthöhle – ein Teil des Geleges genommen, während ihr ein Teil zum Ausbrüten bleibt.

Nur dort, wo sie ungestört ist, wie z. B. in Vogelschutzgebieten, legt die Brandgans ihr Nest mangels anderer Gelegenheiten auch oberirdisch in dichten Büschen an. Auf den Ostfriesischen Inseln bieten die geschlossenen Porste des Sanddornes geeignete Brutplätze.

Das Gelege, mit weißgrauen Daunen umfangreich ausgepolstert, besteht aus 8 – 15 Eiern. Die Eier sind fast weiß, da sie, in der Regel im Dunkel einer Höhle liegend, keiner Tarnfarbe bedürfen. Die Eiablage erfolgt zwischen Anfang bis Ende Mai. Die geschlüpften, auffallend schwarz-weiß gezeichneten Jungen werden sofort zum Wasser, im Küstenbereich in das Wattenmeer geführt. Der Ganter, der schon während der Brut täglich die brütende Gans zur Nahrungssuche abholte und wieder zur Bruthöhle zurückbegleitete, beteiligt sich nun ständig an der Führung und Aufzucht der Jungen.

Wenn sich allerdings Brandganspaare mit ihren Jungen gegenseitig ins Gehege kommen, spielt sich ein eigenartiger Vorgang ab. Die Altvögel, die Nähe anderer Paare nicht duldend, geraten sich in das Gefieder und streiten anhaltend hitzig, bis sich das unterlegene Paar zurückzieht. Inzwischen sind die Jungen beider Brandganspaare jedoch zu einer einzigen Schar zusammengeschwommen und lassen sich nicht mehr auseinandersortieren. Dieser Vorfall wiederholt sich und die Folge ist, daß den kampfstarken Paaren unfreiwillig immer mehr Junge zuwachsen. Schließlich beobachtet man Brandganspaare, die zwischen 30 – 70 Junge aller Größen, also den Nachwuchs aus etwa 4–10 Brandgansgelegen führen. Paare, die ihre Jungen auf diese Weise verloren haben, versuchen kaum, sie zurückzugewinnen. Teilweise kommt es auch zum freiwilligen Überlassen von Jungen, wenn bei den Altvögeln die Mauser beginnt.

Im Gegensatz zu den Altvögeln, die nur gründeln, aber nicht tauchen, können die jungen Brandgänse blitzschnell tauchen und beachtliche Strecken unter Wasser zurücklegen. Trotz des Tauchvermögens und den Abwehrversuchen des Brandganspaares gelingt es den Silbermöwen aber oft, Junge zu greifen und in wenigen Augenblicken herunterzuwürgen.

Bereits ab Ende Juli brechen die Brandgänse zur Mauser auf, wobei sie sich auf dem »Großen Knechtsand« vor der Elbe-Weser-Mündung einfinden. Hier versammeln sich sowohl die Brandgänse von Skandinavien als auch von Westeuropa. Auf dem Höhepunkt der Mauser wird die Zahl der Brandgänse auf dem »Großen Knechtsand« auf bis zu 100 000 geschätzt.

Die Eiderente

Die Eiderente (Somateria mollissima) ist eine Meeresente des Nordens, die an den Küsten aller Eismeerinseln, des nördlichen Europas, Asiens und Nordamerikas, aufgeteilt in verschiedene geografische Rassen, brütet. Auch an der Ostseeküste sowie auf Ostseeinseln kommt die Eiderente als Brutvogel in großer Zahl vor, ferner an den schottischen, nordenglischen und nordirischen Küsten. Die südlichsten, allerdings lokalen Brutplätze liegen in Holland und an der bretonischen Küste.

Im Bereich der deutschen Nordseeküste ist die Eiderente als Brutvogel im nordfriesischen Wattenmeer vertreten, gegenwärtig mit einigen Paaren auf Sylt und Föhr, jedoch mit knapp 1000 Brutpaaren auf der Insel Amrum. Einzelbruten werden auch immer wieder auf einigen Halligen (Hooge, Norderoog) sowie auf Ostfriesischen Inseln registriert, u. a. 1985 auf Borkum (10), Spiekeroog (14) und einige Paare auf Mellum, Memmert und Norderney.

Neben den Brutvögeln halten sich jedoch zeitweise mehrere tausend nichtbrütende Eiderenten im nordfriesischen Wattenmeer auf, so daß diese große Meeresente hier in der Brutzeit zu den häufigsten und auffälligsten Vogelgestalten gehört, namentlich im Watt zwischen Amrum und Föhr. Offenbar steht diese, auch andernorts festgestellte Vermehrung der Eiderenten in Zusammenhang mit der Ausdehnung der Miesmuschelbänke in diesem Raum, begünstigt durch eine Reihe milder Winter.

Die Miesmuschel, die hektargroße Bänke über und unter der Niedrigwasserlinie bildet, ist die Hauptnahrung der Eiderente. Sie frißt die Muschel mitsamt der Schale, die durch den kräftigen Magen zu Grus zermahlen wird und als solcher zu Klumpen geballt im Kot der Eiderente erscheint. Die Eiderente frißt aber auch Meeresschnecken, Fische bis zu einer gewissen Größe und Krebstiere bis zu ausgewachsenen Strandkrabben. Zur Nahrungssuche taucht die Eiderente minutenlang bis zu Tiefen von 20 Metern.

Wie die Brandgans, so steht auch die Eiderente in Deutschland unter ganzjährigem Schutz, doch sind Bestrebungen vorhanden, eine Jagdzeit einzuführen. Diese Bestrebungen gehen hauptsächlich von den Miesmuschelfischern aus, die im nordfriesischen Wattenmeer nicht nur die freien Muschelbänke befischen, sondern auch Kulturbänke angelegt haben, vor allem an der Föhrer Ostküste. Im Magen erlegter Eiderenten wurden bis zu 3 Pfund Muscheln gefunden, deshalb gibt es im Föhrer Watt schon seit Jahren Abschußgenehmigungen. Mehrfach sind auch die Wattenjäger auf den Nordfriesischen Inseln seitens des Landesjagdverbandes aufgefordert worden, eine bestimmte Zahl von Eiderenten abzuschießen, doch nahezu ohne Erfolg! Dank ihres kompakten Gefieders ist die Eiderente nur schwer zu erlegen, auch wird sie als Wildbret nicht geschätzt. Im benachbarten Dänemark werden hingegen jährlich rund 120 000 Eiderenten erlegt und als Wildbret verwertet.

Allerdings wird die Eiderente durch eine andere »Zivilisationserscheinung« betroffen: Sie gehört zu den häufigsten Opfern der »Ölpest«, da sie sich meist auf dem Meer aufhält. Mehrere Male haben auch Seuchen, zuletzt eine Darmerkrankung im Frühjahr 1968, den Bestand der Eiderenten reduziert.

Im zeitigen Frühjahr finden sich die Eiderenten aus den verschiedenen Seegebieten der Nordsee, wo sie überwintert haben, zwecks Verpaarung an den Inselküsten ein. Ab März ist immer häufiger das »Ahuu -o« der balzenden Erpel zu hören. Bei ihrem Balzruf werfen die

Erpel Hals und Kopf zurück und richten sich halb aus dem Wasser auf. Zwischen den Rufen der Erpel erklingt das laute »Gogogogok« der Enten.

Ende April, Anfang Mai suchen die Eiderentenpaare dann im Inneren der Inseln, oft bis zu 3 km vom Wasser entfernt, ihre Brutplätze, und zwar zu Fuß! Erpel und Ente wandern scheinbar ziellos durch das Gelände, bis die Ente einen geeigneten Nistplatz gefunden hat, eine einfache Mulde scharrt und in der Regel gleich das erste Ei legt, das mit Halmen zugedeckt wird. Das Zudecken des Geleges ist erforderlich, um es vor Krähen und Möwen zu schützen.

Hinsichtlich ihres Brutplatzes ist die Eiderente nicht wählerisch. Man findet auf Amrum, dem Hauptbrutplatz der deutschen Nordseeküste, Gelege im Schilf, auf kurzgrasigen Wiesen, im Heidekraut oder Dünenhalm, aber auch im dichten Gebüsch von Aufforstungen. An besonders bevorzugten Plätzen, in der Heide oder in der Nähe von Wassertümpeln, liegen die Nester so nahe beieinander, daß man von einer »Koloniebrut« sprechen kann.

Das volle Gelege der Eiderente besteht aus 4–6 blaßgrünen Eiern. Bei Ablage der letzten Eier und noch in den ersten Bruttagen rupft sich die Ente Daunen aus. Sie werden zwecks Erhaltung der Brutwärme, aber auch zur Tarnung über das Gelege gedeckt, wenn die Ente – meistens in der Dämmerung – zum Wattenmeer fliegt, um Nahrung zu suchen.

Leider ist die Eiderente zu Beginn der Brutzeit außerordentlich empfindlich gegen Störungen. Weidendes Vieh, vor allem Kühe, lose laufende Hunde, sowie acht- und ahnungslose Wanderer verscheuchen die Eiderente vom Gelege, das dann in der Regel verlassen bleibt und bald von Krähen oder Möwen gefunden und gefressen wird. Auf diese Weise gehen auf Amrum über 60 % der Eiderentengelege verloren. Nachgelege werden nicht gemacht, da sich die Entenverpaarung unmittelbar nach Beginn der Eiablage auflöst.

Erst gegen Ende der vierwöchigen Brutzeit sitzt die Ente so fest, daß man sich dem brütenden Vogel nähern, ja diesen sogar berühren kann. Wie gelähmt verharrt die Eiderente auf ihrem Gelege, weil der Bruttrieb stärker ist als der Fluchttrieb. Gelegentlich werden Störenfriede jedoch mit Schnabelhieben attackiert.

Wenn die Jungen geschlüpft sind, werden sie noch am gleichen Tage zum Meer geführt. Dabei vermeidet die Ente nach Möglichkeit die offene Nordsee, sondern sucht mit ihren Jungen wind- oder bran-

Gelege einer Eiderente, von einem Daunenkranz umgeben

Eiderenten mit ihren Jungen am Wattenmeer

dungsgeschützte Wattengebiete auf. Trotz der kilometerweiten Entfernung zum Wasser schaffen die Jungen mühelos diesen, nur von kleinen Rastpausen unterbrochenen Weg.

Auf dem Wasser schließen sich die Entenmütter – bis zu einem Dutzend und mehr – zusammen, um gemeinsam die Schar der Jungen zu betreuen. Ein direktes Verhältnis der Enten zu ihren eigenen Jungen besteht jetzt nicht mehr. In solchen Scharen können bis zu 200 Jungenten versammelt sein. Gelegentlich beteiligen sich auch Eiderenten, die selbst keinen Nachwuchs gehabt haben, an der Betreuung oder Verteidigung der Jungen. Aber auch sie können nicht verhindern, daß Silbermöwen oder Mantelmöwen sich täglich ihre Beute aus den Scharen der jungen Eiderenten holen. Beachtlich sind auch die Verluste an Jungen bei anhaltenden Stürmen oder kühler Witterung. Mit dem Heranwachsen der Jungen reduziert sich die Zahl der betreuenden Enten immer mehr. Etwa vier, fünf Wochen alt sind die jungen Eiderenten schon sich selbst überlassen.

Ende Juni, Anfang Juli wechseln die Erpel ihr kontrastreiches Gefieder. Der schwarze Bauch und der weiße Rücken werden zunächst durchsetzt von scheckigbraunen oder grauen Gefiederflecken, und schließlich tragen die Erpel ein fast einfarbig dunkelbraunes Kleid, so daß sie nahezu den Enten gleichen. Fast gleichzeitig ziehen die Eiderenten von den Brutplätzen und der Küste ab und versammeln sich zur Mauser weit draußen in der Nordsee.

Der Mittelsäger

Das Verbreitungsgebiet des Mittelsägers (Mergus serrator) spannt sich über den Norden Asiens, Europas und Nordamerikas rund um die Erde. An deutschen Küsten, wo seine südlichsten Brutplätze liegen, ist er wohl an der Ostsee, viel weniger aber an der Nordsee bekannt. An der Ostseeküste ist der zu den Entenvögeln gehörende Mittelsäger, dessen charakteristische Merkmale der lange dünne Schnabel und eine zerfranste Kopfhaube sind, ein regelmäßiger Brutvogel. An der Nordseeküste, wo Mittelsäger noch am ehesten als Wintergäste anzutreffen sind, wurden bisher nur zwei Brutplätze bekannt: die Amrumer Odde und Baggerkuhlen am Deich der Westküste von Föhr. Die Zahl der Brutpaare beträgt jedoch nur 3–5.

Das Nest liegt nach Entenart in hoher Vegetation versteckt, nicht allzuweit vom Wasser entfernt. Sehr spät, erst Ende Mai, Anfang Juni legt das Weibchen 8–12 olivbraune Eier. Die geschlüpften Jungen werden bald zum Wasser geführt und bleiben schon nach einigen Wochen sich selbst überlassen.

Süßwasserenten, Schwäne und Gänse

Fast alle Arten der europäischen Süßwasserenten kommen als Zugvögel oder Wintergäste an der deutschen Nordseeküste vor, einige davon in beachtlicher Zahl. Ähnlich verhält es sich mit Gänsen und Schwänen (s. Seite 96). Doch als Brutvögel spielen die Genannten keine oder nur eine geringe Rolle.

Am häufigsten ist naturgemäß die in mehreren Rassen rund um die nördliche Halbkugel der Erde verbreitete Stockente. Sie ist als Brutvogel nicht nur in den Küstenmarschen, sondern auch in den eingedeichten Marschen, in Tümpeln, Teichen und Gräben fast aller Nordseeinseln zu finden, auf den größeren Ost- und Nordfriesischen Inseln je nach den Landschaftsverhältnissen mit 100 und mehr Paaren. Auch in den Dünen dieser Inseln, oft weit vom Wasser entfernt, werden Nester gefunden. Sogar auf Halligen kommen Stockenten vor, auf Norderoog z. B. in manchen Jahren bis zu 50 und mehr Paare. Offenbar haben Stockenten sich hier dem Leben auf Salzwasser angepaßt.

Weitere Süßwasserenten, die in geeignetem Gelände auf den Nordseeinseln brüten, sind Krickente, Knäckente, Spießente, Tafelente und Löffelente, neuerdings auch die Reiherente. Doch ist die Zahl der Brutpaare gering. Keinesfalls spielen diese Entenarten im Gesamtbild der Vogelwelt eine größere Rolle. Lediglich das Speicherbecken des Hauke-Haien-Kooges mit seinem Charakter als Binnengewässer macht eine Ausnahme, bedingt auch das Rantum-Becken auf Sylt.

Auf den Gewässern beider Gebiete ist dagegen der Höckerschwan eine auffallende Erscheinung, und seit 1975 verzeichnet der Hauke-Haien-Koog die Graugans als Brutvogel, allerdings auf Initiative des Landesjagdverbandes als Gehegevogel ausgesetzt. Gezähmte Graugänse brüten seit 1974 auch in der ehemaligen Vogelkoje auf Amrum, haben sich inzwischen aber über alle geeigneten Insellandschaften verbreitet (1985 17 Bruten) und wurden 1985 erstmals auch im Rantum-Becken Sylt als Brutvogel notiert.

Der Austernfischer

Allgemein gilt die Silbermöwe als Charaktervogel der Nordsee. Das mag daran liegen, daß die Silbermöwe sehr groß und wegen ihres leuchtenden Gefieders sehr auffällig ist und sich auf der Futtersuche gerne in der Nähe des Menschen herumtreibt, sei es im Hafen oder als Begleiter von Schiffen und Fischern.

Doch der eigentliche Charaktervogel der Nordseeküste, vor allem des Wattenmeeres, ist der Austernfischer. Wenn auch nur etwa halb so groß wie die Silbermöwe, so tritt dieser Vogel mit dem schwarz-weißen Gefieder, den blaßroten Beinen und dem langen, orangefarbigen Schnabel doch überall in Erscheinung.

Ebenso auffällig wie der Austernfischer selbst sind seine Rufe. Er ist sicherlich der ruffreudigste von allen Küstenvögeln. Ob bei Tage oder in der Nacht, über dem Strand und dem Watt oder aus der Luft, in allen Jahreszeiten ist das Geschrei des Austernfischers zu hören. Viel seltener hört man dagegen Möwen oder andere Strandvögel rufen. Eines aber kann der Austernfischer nicht: Austern fischen! Die Austern liegen so tief, daß sie auch bei Niedrigwasser nicht trocken fallen. Der Austernfischer müßte also schwimmen und tauchen können, um diese Muschel zu erfassen. Doch er schwimmt nur in Zwangsfällen kurze Strecken. Zum Tauchen aber fehlen alle Fähigkeiten. Wie der Austernfischer zu seinem falschen Namen kam, ist nicht mehr zu ergründen. Auch auf englisch heißt er »Oystercatcher«, also Austerngreifer.

Der Austernfischer lebt vor allem von Kleingetier, das er aus Sand und Schlick des Wattenmeeres heraustochert. Mit dem gefühlvollen Schnabel ertastet er auch den Wattwurm und zieht ihn geschickt aus dem Grund. Aber auch auf dem Lande, auf Wiesen und Feldern, ja sogar in den Dünen findet der stochernde Schnabel verborgenes Bodengetier.

Doch zeichnet den Austernfischer als Charaktervogel der Nordseeküste noch etwas anderes aus: Er gehört sowohl auf den Halligen als auch auf den Nord- und Ostfriesischen Inseln zu den häufigsten Brutvögeln und kommt als Brutvogel auch in den Marschen der Festlandsküste oder längst der Flußmündungen vor, teilweise mehr als 10 km von der Nordseeküste entfernt.

Hinsichtlich seines Brutplatzes ist der Austernfischer nicht wählerisch. Am Wattufer, auf Uferschutzwerken wie Steindämmen und Buschlahnungen, in Watt- und eingedeichten Marschenwiesen, auf Sandbänken, im Geröll oder Muschelschill des Vorstrandes, auf dem hochliegenden Geestland der nordfriesischen Inseln oder in den Dünen sind die Gelege dieses Vogels zu finden. Wenn ein geeigneter Brutplatz dazu einlädt, wagen sich Austernfischer gelegentlich auch in die Nähe des Menschen. So kam es auf kiesbestreuten bzw. mit Steinbrocken übersäten Bauplätzen auf Amrum und am Stadtrand von Wyk auf Föhr zu Austernfischerbruten. Auch auf dem mit Kieselsteinen bestreuten Flachdach der Amrumer Schule brüten alljährlich einige Austernfischer, ohne sich um den Lärm der Schulkinder zu kümmern.

Das »Nest« des Austernfischers besteht in der Regel jedoch nur aus einer einfachen Mulde, die selten mit einigen Halmen ausgepolstert ist. Häufiger kommt es vor, daß der Austernfischer je nach Ortslage des Nestes kleine Steine, Muschelschalen oder die trockenen Kotkugeln von Wildkaninchen einsammelt, um damit das Nest zu verzieren.

Das Gelege besteht aus drei gelbrauen Eiern mit dunklen Flecken.

Austernfischer mit Jungvogel

Zu allen Jahreszeiten beleben Scharen von Austernfischern die Küstenlandschaft

Knapp 10 % der Austernfischerweibchen legen jedoch vier Eier, eine Eigenschaft, die sie dann nicht nur für eine oder für wenige Brutzeiten, sondern während ihres ganzen Lebens zeigen.

Die Brutzeit beginnt Ende April, nachdem sich die Austernfischer mit großem Lärm verpaart haben. Die Verpaarung erfolgt bereits Ende Februar, Anfang März, soweit es sich nicht um Vögel handelt, die bereits seit Jahren verpaart sind. Beringungsfunde und eine ausgeprägte Treue zum Brutplatz deuten darauf hin, daß auch Austernfischer, wie zahlreiche andere Vogelarten, einmal verpaart, in langjähriger Ehe leben, auch wenn sich im Winter der Zusammenhalt auflöst.

Bereits im März, fast zwei Monate vor Beginn der Eiablage, besetzen die Austernfischerpaare während der Flutzeit täglich ihr zukünftiges Brutrevier, während sie bei Ebbe der Nahrungssuche im Watt nachgehen.

Fremde Austernfischer, die in das Revier eines Paares eindringen, werden mit gesenktem Kopf und lautem Geschrei empfangen, das bald zu dem bekannten »Trillertanz« überleitet. Diese Tänze, von drei oder mehr Vögeln mit gesenkten Köpfen und unentwegtem Geschrei hin und her eilend vollführt, haben nichts mit der Balz zu tun. Solche »Trillertänze« beobachtet man zu allen Jahreszeiten. Ganz offenbar handelt es sich um Revier- bzw. Platzkämpfe von Austernfischern, die sich zu nahe »getreten« sind. Auch in der Luft werden diese eigenartigen »Trillertänze«, in diesem Fall »Trillerflüge« ausgeführt, ausgelöst sicherlich auch durch die allgemeine Ruffreudigkeit und Lebhaftigkeit der Austernfischer.

Beim Brüten lösen sich Männchen und Weibchen, die sich äußerlich nicht unterscheiden, mehrere Male täglich ab. Bei Gefahr laufen sie geduckt vom Nest und fliegen erst in einiger Entfernung auf, um den Nestplatz nicht zu verraten. Nach vierwöchiger Brut schlüpfen die Jungen, die wenige Stunden nach dem Schlupf als Nestflüchter die einfache Nestmulde für immer verlassen. Beide Altvögel führen nun die Jungen durch das Brutrevier und zwar in einer intensiven Art, wie es nur bei wenigen Watvögeln bzw. Limicolen zu beobachten ist. Die Jungen laufen nicht, wie z. B. beim Rotschenkel oder Kiebitz nahrungssuchend frei herum, sondern halten sich unmittelbar neben den Altvögeln auf, die ihren Jungen unentwegt Bodengetier heraustochern.

Nähern sich Feinde oder andere Störenfriede, dann drücken sich die Jungen nach Warnrufen ihrer Eltern regungslos zu Boden und sind dank der Flecken und Streifen ihres oberseitig grauen Dunenkleides so großartig getarnt, daß auch ein geübtes Auge sie kaum entdeckt. Die Altvögel aber kreisen mit lautem Geschrei, oft begleitet von Schein-angriffen, um den Störenfried herum oder versuchen, diesen durch »Flügellahmen« abzulenken und zu verleiten.

Bei Verlusten von Gelegen oder Jungvögeln machen auch Austern-fischer Nachgelege, oft mit beachtlicher Beharrlichkeit. Nach Verlu-sten von Erst- und Zweitgelegen sind Austernfischer auf Drittgelegen brütend noch im August angetroffen worden.

Altvögel und selbständig gewordene Junge, sowie nichtbrütende Austernfischer versammeln sich im Spätsommer wieder in geselligen, lärmenden Scharen. Nur bei Ebbezeit verstreuen sie sich einzeln über die weite Fläche des Wattenmeeres, um Nahrung zu suchen. Wenn der Winter milde ist, bleiben die Austernfischer durchweg hier. Viele verharren auch bei anhaltendem Frost im Wattenmeer, und dann kann es aus Nahrungsmangel zu einem Massensterben kommen. An-dere Austernfischer ziehen zur Atlantikküste von England und Frank-reich oder gar bis hinunter nach Afrika.

Wie andere Limicolen erreicht auch der Austernfischer ein beachtli-ches Lebensalter. Ein 1928 auf Mellum beringter Jungvogel wurde noch 1964, also im Alter von 36 Jahren, als Brutvogel auf seiner Ge-burtsinsel Mellum festgestellt – ein Beweis auch für die Brutplatz-treue dieses Vogels.

Austernfischer verjagt Silbermöwe

Der Kiebitz

Der Kiebitz (Vanellus vanellus) ist kein eigentlicher See- oder Strandvogel, er ist als Brutvogel auch in den Mooren und Wiesen des Binnenlandes, fast in ganz Europa, mit Ausnahme des skandinavischen
Nordens und einiger Mittelmeerländer, sowie in Mittelasien bis zur
Mongolei verbreitet.

Er soll hier dennoch Erwähnung finden, weil er in kaum einer anderen Landschaft so konzentriert auftritt wie in den Marschen der Köge
und Groden an der Nordseeküste, sowohl auf dem Festlande als auch
auf den Inseln. Kennzeichnend für den Kiebitz sind das schwarz-weiße
Gefieder, der Federschopf am Hinterkopf und die breiten, abgerun-
deten Flügel.

Schon Ende Februar kehrt der Kiebitz aus den süd- und westeuropäischen Winterquartieren zu seinen Brutplätzen zurück, wo er nicht
selten noch Schnee vorfindet oder gegen neu hereinbrechende Win-
terwitterung zu kämpfen hat. Bei mildem Wetter aber sind bereits ab
Mitte März die kopfheisternden Balzkapriolen des Männchens zu be-

Frisch geschlüpfte Jungkiebitze, am Boden gut getarnt

obachten, wenn es mit wuchtelnden Flügelschlägen dicht über dem Boden hin- und herkurvt, dann steil nach oben steigt und sich, mit lauten Rufen überschlagend, wieder herunterfallen läßt. Nicht selten vollführen zwei Kiebitze, offenbar als Form einer Auseinandersetzung an den Reviergrenzen, diese Balzkapriole unmittelbar nebeneinander.

Innerhalb eines, durch Balzflüge abgesteckten Revieres, legt das Männchen mehrere Nestmulden an, die zum Teil auch umfangreich ausgepolstert werden. Diese Nestmulden dienen jedoch nur der Reviermarkierung. Das Weibchen sucht sich Anfang April doch einen eigenen Platz, wo das einfache Nest gebaut und die vier birnenförmigen Eier abgelegt werden. Die grünliche oder bräunliche Bodenfarbe sowie die zahlreichen dunklen Flecken der Eier tarnen das offen am Boden liegende Gelege so ausgezeichnet, daß es nur schwer zu finden ist.

Männchen und Weibchen brüten, sich abwechselnd, in 26-28 Tagen das Gelege aus. Als Nestflüchter verlassen die Jungen bald nach dem Schlüpfen das Nest und gehen selbständig der Nahrungssuche nach, aber bewacht von den Altvögeln, die ständig in der Nähe sind und dann und wann ihre Jungen zum Wärmen und Trocknen unter ihre Flügel nehmen.

Der Rotschenkel

Mit dem Rotschenkel (Tringa totanus) gesellt sich zum Austernfischer und Kiebitz ein dritter Watvogel, der in den Marschen und Wattwiesen der Nordseeküste, der Nordseeinseln und Halligen sehr häufig ist und mit seiner melodischen Stimme diesen Landschaften einen auffälligen Akzent verleiht.

Wie beim Kiebitz, so beschränkt sich auch beim Rotschenkel das Verbreitungsgebiet nicht nur auf die Küste, sondern dehnt sich über die Niederungen Nord- und Mitteleuropas bis nach Asien. Weitere lokale Brutplätze befinden sich in Südwesteuropa. Zweifellos erreicht der Rotschenkel aber nirgendwo eine ähnlich hohe Zahl an Brutvögeln wie an der Nordsee, so daß man mit Recht von einem »See- bzw. Strandvogel« sprechen darf.

Die hohen, roten Beine gaben dem Rotschenkel seinen Namen. Ansonsten ist er mit seinem braungrauen, dunkelgefleckten Gefieder ein sehr unauffälliger Vogel, der kaum in Erscheinung treten würde, wenn er nicht so ruffreudig wäre. Immer wieder ist im Grau des Wattenschlicks und im Grün der Wiesen das melodische »Klüüdl-lüdl-lüdl« oder »Tjüü-tjüü-tjüü« zu hören.

Rotschenkel kehren erst ab Ende März aus ihren Winterquartieren in Nordafrika und am Mittelmeer in ihre Brutheimat zurück. Nach Beobachtungen auf Wangerooge (Großkopf) besetzen die anfangs sehr aggressiven Männchen eine Lache oder einen Tümpel als Balzrevier in der Nähe ihres vorjährigen Brutrevieres.

Hier im Balzrevier werden die verschiedensten Formen der Balz, Drohlaufen, Jodeln am Boden und der eindrucksvolle Imponierflug gezeigt. Bei diesem Flug steigt das Männchen mit ausgespannten, zitternden Flügeln, unentwegt »Tjüü-tjüü-tjüü« rufend in die Luft, läßt sich ein Stück heruntersinken und steigt dann wieder auf. Minutenlang dauert dieser Balzflug, der vor allem an windstillen Tagen, auch bei stillem Regenwetter vorgeführt wird und zu den schönsten Stimmungsbildern des Frühlings an der Nordsee gehört.

Die endgültige Besetzung des Brutrevieres beginnt damit, daß das Rotschenkelmännchen in Grasbülten mehrere Nestmulden ausdreht, offenbar um das anfangs noch teilnahmslose Weibchen zur Fortpflanzung anzuregen, möglicherweise auch, um das Revier zu markieren.

Ende April, Anfang Mai legt das Weibchen vier birnenförmige Eier mit rahmgelber Grundfarbe und rotbraunen Flecken. Im Gegensatz zu den offen am Boden liegenden Nestern der Austernfischer, Kiebitze oder Uferschnepfen ist das Gelege des Rotschenkels in der Regel unter dichten Gräsern verborgen. Nur ein kaum sichtbarer, seitlicher Einschlupf verrät einem kundigen Auge das Rotschenkelnest. Männchen und Weibchen wechseln sich beim Brüten ab, und der brütende Vogel beschäftigt sich immer wieder damit, am Nestrand stehende Halme zu einer dichten Haube über das Nest zu zupfen. Dank dieses Versteckes bleibt der brütende Vogel des öfteren fest auf dem Gelege sitzen, wenn ein Störenfried durch das Brutgebiet wandert. Erst im letzten Augenblick, fast unmittelbar vor dem Fuß des zusammenschreckenden Wanderers, fliegt der Rotschenkel mit schrillen Klagerufen vom Nest.

Viel Lärm veranstaltet das Rotschenkelpaar auch beim Führen der nestflüchtenden Jungen, die selten im Bereich des Brutgebietes aufwachsen, sondern weite Wanderungen unternehmen. Unentwegt erklingen die Lock- und Warnrufe der Altvögel. Störenfriede werden von Koppelpfählen aus laut »beschimpft« oder mit aufgeregten Rufen umflogen. Wie alle Nestflüchter drücken sich die Jungen bei Gefahr regungslos zu Boden und sind optisch völlig mit der Vegetation »verwachsen«. Dennoch gehört merkwürdigerweise der Rotschenkel zu jenen Watvögeln, der noch am ehesten Junge an räuberische Silbermöwen verliert.

Im Laufe des Juli sind die Jungen selbständig, und wenig später versammeln sich die Altvögel bereits in kleinen, geselligen Scharen, ziehen zwischen verschiedenen Nahrungsplätzen noch eine Weile umher und orientieren sich dann nach Süden, etwas später gefolgt von den Jungvögeln.

Einzelne Rotschenkel bleiben auch im Winterhalbjahr an der Nordseeküste zurück. Sie überstehen den Winter jedoch nur bei milder Witterung. Bei Frost gehen sie bald an Kälte und Hunger zugrunde oder werden eine Beute überwinternder Greifvögel, z. B. der Kornweihe.

Rotschenkel auf Nahrungssuche

Die Uferschnepfe

Die Uferschnepfe (Limosa limosa), die in den Mooren und Niederungen Mitteleuropas bis nach Westsibirien verbreitet ist, hat sich lokal auch an der Nordseeküste Brutplätze erobert. Stellenweise ist sie eine ebenso auffällige Erscheinung wie Austernfischer und Rotschenkel.

Besonders häufig war, bzw. ist die Uferschnepfe in den Marschen Ostfrieslands, wo sie allerdings durch Trockenlegungsmaßnahmen, insbesondere im »Hammrich« in jüngster Zeit mehrere Brutplätze verloren hat. Andererseits wurden in den letzten Jahrzehnten Brutvorkommen der Uferschnepfe dort entdeckt, wo sie bisher als Brutvogel unbekannt war, so erstmalig auf Wangerooge 1939, auf Borkum 1950 und Spiekeroog 1975. Auf Föhr brütet die Uferschnepfe seit etwa 1925 in beachtlicher Zahl, sowohl in der eingedeichten Marsch, als auch auf dem Deichvorlande. Auch auf Sylt und Pellworm erklingen die charakteristischen Rufe der hier brütenden Uferschnepfen. Einzelbruten hat es auch auf Amrum, vermutlich auf Hallig Hooge und auf der Grünen Insel in der Eidermündung gegeben, ferner an geeigneten Örtlichkeiten der schleswig-holsteinischen Festlandsküste wie z. B. im Adolfskoog oder im Hauke-Haien-Koog (1970 hier 30 Brutpaare).

Die Uferschnepfe, die zur besseren Unterscheidung von ihrer ähnlichen Verwandten, der Pfuhlschnepfe, auch vielfach als schwarzschwänzige Uferschnepfe bezeichnet wird, verrät sich dem Wanderer schon von weitem durch ihren unverwechselbaren Ruf »Gritta gritta«. Er gab diesem Vogel den volkstümlichen Namen »Greta«. Weitere Merkmale der Uferschnepfe sind die langen Beine und der lange, schmale Schnabel, mit dem die Schnepfe im weichen Boden nach Getier stochert.

Bei fast allen einheimischen Limicolen tragen Männchen und Weibchen ein nahezu gleichartiges Gefieder, so daß sie oft nicht einmal aus der Nähe zu unterscheiden sind. Dies ist jedoch bei den Uferschnepfen nicht der Fall. Das Männchen trägt ein rostbraunes Gefieder mit schwarzen Querstreifen am Bauch. Hingegen ist das Federkleid des Weibchens überwiegend grau.

Unmittelbar nach der Ankunft auf dem Brutplatz, etwa Anfang April, zeigt das Männchen seinen eindrucksvollen Balzflug. Mit lautem »Diwidi diwidi« fliegt es hoch über den Wiesen, läßt sich herunterfallen und steigt wieder hinauf, dabei unentwegt rufend. Das Männchen übernimmt nach der Verpaarung auch die Initiative zum Nestbau. Bereits Mitte April legt das Weibchen vier Eier von bräunlicher oder grünlicher Farbe, die sehr dicht mit verwaschenen, dunklen Flecken übersät sind. Beide Altvögel brüten abwechselnd in etwa 24 Tagen das Gelege aus und führen zusammen ihre nestflüchtenden

Jungen bis zum Flüggewerden. Störenfriede, die den Jungen zu nahe kommen, werden mit aufgeregtem »diwi-didiwi« attackiert.

Altvögel und die inzwischen flügge gewordenen Jungen sammeln sich bereits im Juli, wo sie dann in beachtlichen Scharen mit Pfuhlschnepfen und anderen Watvögeln am Strande und im Wattenmeer zu sehen sind. Die Winterquartiere der Uferschnepfen liegen an den Küsten Südwesteuropas, Nordafrikas und im östlichen Mittelmeer, teilweise auch bis hinunter nach Abessinien. Einzelne bleiben aber auch im Winter an der Nordseeküste zurück.

Die Küstenmarsch, das Revier der Uferschnepfe

Der Kampfläufer

Wenn von den hier genannten Watvögeln, dem Austernfischer, dem Kiebitz, Rotschenkel und der Uferschnepfe gesagt wurde, daß ihre Rufe prägend für die Watten- und Wiesenlandschaften der Nordsee- küste sind, so wird mit dem Kampfläufer ein Vogel vorgestellt, der weitgehendst stumm ist. Lediglich bei ihren seltsamen Balzspielen lassen die Männchen, die »Kampfhähne« einzelne verhaltene Knurr-laute hören.

Während die Weibchen hinsichtlich der Größe und Gestalt an Rot-schenkel erinnern, zeichnen sich die Männchen durch eine Eigenart aus, die bei keiner anderen Limicolenart zu finden ist: Sie tragen in der Brutzeit einen haubenartigen Fächer auf dem Kopf und eine wallende, umfangreiche Halskrause, letzte in verschiedensten Farben, vom reinsten Weiß und geflecktem oder gestreiften Braun bis zum tiefsten Schwarz.

Dieser seltsame Vogel ist zwar über Nordeuropa und Sibirien bis zur Beringssee verbreitet, tritt aber nur lokal in größerer Anzahl auf, in Deutschland ausschließlich an der Nordseeküste. Der Begriff »grö-ßere Anzahl« ist allerdings relativ, denn es gibt auf den Nordseeinseln oder in den Marschen des Festlandes kaum einen Brutplatz mit mehr als 30 Kampfläufern.

Die für fast alle Limicolen gültige Regel, daß Männchen und Weib-chen gemeinsam brüten und die Jungen führen, gilt für den Kampf-läufer nicht. Darauf deutet schon die auffällige Gestalt des Männchens hin.

Auf eigenartige Weise vollzieht sich die Balz. Die »Kampfhähne«

Das unscheinbare Kampfläuferweibchen kommt zum Nest

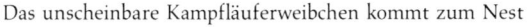

Kampfläufer-Männchen im Schlichtkleid

versammeln sich nach der Ankunft im Brutrevier auf bestimmten Plätzen, die schon zum Teil seit Jahrzehnten, also von mehreren Kampfläufergenerationen benutzt wurden. Hier treten sich die einzelnen Männchen in gebührendem Abstand zueinander kleine Tennen, auf denen sie sich mit gespreiztem Gefieder und der aufgeplusterten Halsfederkrause »zur Schau« stellen. Dabei wechseln kleine Hopser mit halbmeterhohen Luftsprüngen, Scheinkämpfe gegeneinander mit flatternden Federn und das regungslose Hindrücken am Boden.

Auf diesen Balzplätzen finden sich dann die Weibchen ein, wählen sich ein Männchen aus, lassen sich begatten und verschwinden wieder.

Eine längere Beziehung entwickelt sich zwischen Männchen und Weibchen nicht. Vielmehr suchen sich die Weibchen bei der nächsten Begattung nicht nur andere »Hähne« aus, sondern möglicherweise auch andere Balzplätze auf. Bekanntlich verläuft bei den Birkhühnern die Balz sehr ähnlich, und vermutlich kommen bei den Kampfläufern auch nur gewisse Männchen, die sogenannten »Haupthähne« dazu, Weibchen zu treten.

Wie erwähnt, brütet das Kampfläuferweibchen alleine das Gelege aus, das aus vier Eiern besteht und hinsichtlich der Größe und Färbung von einem Rotschenkelgelege nicht zu unterscheiden ist. Auch die Nestlage, verborgen unter einer dichten Grashaube, ist die gleiche. Die nestflüchtenden Jungen fallen durch ein gelbbraunes, gestreiftes und geflecktes Dunenkleid auf, das auf den Spitzen eine Vielzahl von goldglänzenden Punkten hat.

Zwischen Juli und September ziehen die Kampfläufer, nunmehr im Schlichtkleid, zu ihren Winterquartieren nach Afrika.

Auch die *Bekassine* ist Brutvogel im geeigneten Gelände der Insel- und Küstenmarschen. Sie wird im Volksmund »Himmelsziege« genannt, weil das Männchen beim Balzflug, aus großer Höhe schräg herabstürzend, mit quergestellten Schwanzfedern die Luft schneidet und dabei ein Geräusch wie das Meckern einer Ziege erklingt.

Bekassine

Der Sandregenpfeifer

Der Sandregenpfeifer (Charadrius hiaticula) ist nur wenig größer als ein Star und fällt in seinem Brutrevier kaum auf. Oft hört man nur das wehmütig klingende »Püü-ip« dieses Vogels, und lange müssen die Augen suchen, ehe sie den unscheinbaren Rufer zwischen Steingeröllen oder Muschelschalen entdecken. So unscheinbar, wie es der erste Eindruck vermittelt, ist der Sandregenpfeifer allerdings nicht. Kopf und Brust sind von kräftigschwarzen Bändern eingefaßt, die im deutlichen Kontrast zum weißen Gefieder an der Vorder- und Unterseite dieses Vogels stehen. Kopfplatte und Oberseite einschließlich der Flügeldecken sind schlicht graubraun. Früher wurde der Sandregenpfeifer wegen seines weißen Halsbandes *Halsband*regenpfeifer genannt.

Der Sandregenpfeifer hat in unseren Breiten, an den Küsten von Nordfrankreich, Südengland sowie der deutschen Nord- und Ostseeküste seine südlichsten Brutplätze. Von hier aus ist er nord- und ostwärts in einigen Rassen bis zum Eismeer verbreitet. Der vorwiegende Küstenvogel kommt auch an günstigen Plätzen im Binnenlande vor.

Bereits im Februar kehren die Sandregenpfeifer zu ihren Brutplätzen zurück. Wir sehen sie dann zunächst am Flutsaum des Strandes oder im Watt, wo sie eilends schnurgerade über Sand und Schlick laufen, ruckartig stehen bleiben, weil sie Nahrung entdeckt haben oder die nächste »Tippelstrecke« übersehen wollen, und dann mit flinken Beinchen weitertrollen.

Im März werden die Brutplätze besetzt, wobei die Sandregenpfeifer, wie nahezu alle Vogelarten, ihren vorjährigen Brutplatz wieder aufsuchen, sofern sie dort ungestört und mit Erfolg gebrütet haben. Das Männchen legt eine Reihe von »Spielnestern« an und setzt sich zum Scheinbrüten nieder, um das Weibchen zur Brut anzuregen. Möglicherweise dienen diese Spielnester, einfache Mulden im Sand, zusätzlich der Reviermarkierung. Über dem Brutrevier zeigt das Männchen einen eigenartigen Balzflug, dicht über dem Boden mit langsamen Flügelschlägen hin- und herkurvend oder im Kreise fliegend und dabei einen melodischen Triller rufend.

Bereits Mitte April liegen die vier hellgrauen, dunkelpunktierten Eier in der von kleinen Steinen oder Muschelschalen ausgelegten Mulde. Sandregenpfeifer brüten vor allem in der Strandzone, wo das Gelege zwischen Muschelschill und Geröll optisch vollständig »verschwindet«, das heißt, so gut getarnt ist, daß man es selbst aus unmittelbarer Nähe nicht entdeckt. Auch die steinbedeckten Dünentäler der nordfriesischen Geestinseln bieten dem Sandregenpfeifer Brutplätze, doch ganz überwiegend sucht er die Nähe des Strandes.

Männchen und Weibchen brüten in 22-24 Tagen abwechselnd das Gelege aus und führen auch zusammen ihre Jungen, kleine, unscheinbare graue Dunenbällchen, die sehr schnell auf den Beinen sind, sich bei Gefahr jedoch regungslos zu Boden drücken. Nähert sich ein Feind oder Störenfried, geschieht etwas Eigenartiges: Die Altvögel stellen sich flügellahm, flattern scheinbar hilflos im Sande umher, fallen um oder strecken ihre offensichtlich »verletzten« Flügel zur Seite. Verfolgt man aber diesen »kranken«, anscheinend leicht zu greifenden Vogel, so eilt er munter ein kleines Stück weiter und wiederholt das merkwürdige Schauspiel, den Störenfried zur abermaligen Verfolgung veranlassend. Dieses Spiel wird solange getrieben, bis der Feind weit genug von den Jungen fortgelockt, »verleitet« worden ist.

Es gibt eine Anzahl von Vögel, die durch das Vortäuschen einer Verletzung von ihren Jungen ablenken, aber nur wenige vollführen dieses »Schauspiel« so perfekt wie der Sandregenpfeifer.

Sandregenpfeifer, sich flügellahm stellend, um Feinde zu verleiten

Kaum sind die Jungen der ersten Brut selbständig geworden, erfolgt etwa Mitte bis Ende Juni eine zweite Brut. Insofern bildet der Sandregenpfeifer unter unseren einheimischen Limicolen eine Ausnahme. Er ist der einzige, der zweimal brütet. Alle anderen brüten nur einmal, es sei denn, daß frühzeitig Gelege oder Jungvögel verloren gingen und dann ein Nachgelege gemacht wird.

Die einheimische Rasse des Sandregenpfeifers zieht im Spätsommer zum Überwintern nach Südwesteuropa oder an die Küste des Mittelmeeres, während die nordöstliche Rasse bis an die Küsten Südafrikas fliegt.

Der Seeregenpfeifer

Der Seeregenpfeifer (Charadrius alexandrinus) ist der kleinere Verwandte des Sandregenpfeifers und von letzterem dadurch zu unterscheiden, daß die schwarzen Stirn- und Augenbänder viel weniger ausgebildet sind (beim Weibchen sogar fast völlig fehlen) und das Brustband nur an den Halsseiten angedeutet ist.

Und wenn vom Sandregenpfeifer gesagt wurde, daß in unseren Breiten die südlichsten Brutplätze liegen, so gilt umgekehrt für den Seeregenpfeifer, daß er auf der Linie Südengland, Dänemark, Südschweden seine nördlichste Verbreitung als Brutvogel erreicht. Die deutsche Nordseeküste liegt damit im Bereich dieser äußersten Verbreitungsgrenze, so daß hier beachtliche Veränderungen des Bestandes an Brutpaaren vorkommen. Kleine Klimaschwankungen oder eine Verminderung der Population machen sich natürlich zuerst in den Randgebieten der Verbreitung bemerkbar.

Südwärts kommt der Seeregenpfeifer in verschiedenen geografischen Rassen über Europa, Nordafrika, Arabien, Asien und Amerika nahezu auf der ganzen Erde vor.

Entsprechend dieser Verbreitung ist der Seeregenpfeifer auf den ostfriesischen Inseln auffallend häufiger als auf den nordfriesischen Inseln und Halligen, wo der Sandregenpfeifer überwiegt. Gegenwärtig (1985) ist der Seeregenpfeifer sogar bis auf wenige Einzelpaare von den nordfriesischen Inseln als Brutvogel verschwunden.

Im Gegensatz zu den meisten Limicolen legt der Seeregenpfeifer nur drei Eier von grünlicher Grundfarbe, mit schwarzen Punkten und Strichen übersät. Das Gelege liegt oft halb unter Sand verdeckt und erinnert so an die afrikanische Rasse, die nur nachts brütet, tagsüber aber das mit Sand verdeckte Gelege zum Bebrüten der Sonne überläßt. Wie der Sandregenpfeifer, so bevorzugt auch der Seeregenpfeifer flache Sände und Strände mit Muschelschalen. Aber auch in spärlicher Strandvegetation sind Gelege zu finden.

Im Winter ziehen die Seeregenpfeifer bis nach Südafrika.

Seeregenpfeifer, Weibchen

Der Alpenstrandläufer

Während der Zugzeit gehört der Alpenstrandläufer (Calidris alpina) zu den eindrucksvollsten Vogelgestalten der Nordseeküste, tritt er hier doch oft in großen »wolkenartigen« Scharen auf. Er ist ein Brutvogel des Nordens, wo er in mehreren Rassen vorkommt. Die Rasse Schinzii streckt ihr Brutgebiet bis hinunter zur Nord- und Ostseeküste, doch sind gegenwärtig nur wenige Brutplätze im Bereich dieser südlichsten Verbreitung bekannt.

Nachdem der Alpenstrandläufer vor der Jahrhundertwende noch als seltener, doch regelmäßiger Brutvogel auf den nordfriesischen Inseln verzeichnet wurde, verschwand er jahrzehntelang völlig. Erst in der Gegenwart sind wieder Brutplätze registriert, so im Speicherbecken des Hauke-Haien-Kooges und auf den Sandbänken vor der Westküste von Eiderstedt. 1975 wurde gar eine erfolgreiche Brut auf Spiekeroog festgestellt, und auch an anderen geeigneten Örtlichkeiten der Nordseeküste bzw. der Inseln dürfte es neuerdings zu Einzelbruten kommen.

Der Große Brachvogel

Als Zugvogel und Sommergast ist der Große Brachvogel (Numenius arquata) im Wattenmeer der Nordseeküste eine ständige und häufige Erscheinung. Doch als Brutvogel kommt er nur in geringer Zahl auf den Nord- und Ostfriesischen Inseln vor. Auf den Nordfriesischen Inseln sind ständige Brutplätze nur von Amrum bekannt. Häufiger ist diese »Kronschnepfe« auf einigen Ostfriesischen Inseln. Auf Borkum wurden schon bis zu 30 Brutpaare festgestellt, mehrere Paare sind auch auf Norderney, Spiekeroog und anderen Inseln zu finden. Im übrigen erstreckt sich das Verbreitungsgebiet des Großen Brachvogels über die Moore und Niederungen Nord- und Mitteleuropas durch das mittlere Rußland bis zur Kirgisensteppe.

Das auffälligste Merkmal dieses Vogels mit dem schlichtbraunen, dunkelgesprenkelten Gefieder ist der lange, abwärts gebogene Schnabel.

Etwa Mitte April besetzen die Großen Brachvögel ihre Brutreviere in den Dünen und Heidetälern der Nordseeinseln. Bald darauf zeigt das Männchen seinen Balzflug, wobei es hoch hinauffliegt und mit ausgebreiteten Flügeln wieder herabschwebt, einen weithin hörbaren Triller »Trüüi-trüüi-trütrütrütrütrütrü« rufend. So wie uns in dunklen Herbstnächten das wehmütige Flöten ziehender Brachvögel rührt, so beeindrucken uns auch ihre Balztriller! Keine andere Vogelstimme, auch nicht die der Nachtigall, kommen an Klangkraft und Lautmelodie der Stimme des Großen Brachvogels gleich.

Die vier bräunlich gefleckten Eier werden von Männchen und Weibchen abwechselnd ausgebrütet, wobei der brutfreie Partner oft in der Nähe von einer Anhöhe aus das Brutrevier überwacht oder Silbermöwen angreift und vertreibt. Die nestflüchtenden Jungen werden anfangs von beiden Altvögeln, später nur noch vom Männchen geführt. Ihre Nahrung ist Bodengetier, vom langen, feinfühligen Schnabel herausgestochert.

Junger Brachvogel als Nestflüchter unterwegs

Der Säbelschnäbler

Der hochbeinige, deutlich schwarzweiß gefiederte Säbelschnäbler (Recurvirostra avosetta) ist eine bemerkenswerte Vogelgestalt, die sich in mancherlei Hinsicht von anderen Watvögeln unterscheidet. Mit seinem schmalen, aufwärts gebogenen Schnabel stochert er nicht nach Bodengetier, sondern erbeutet seine Nahrung derart, daß er mit Hin- und Herbewegungen das flache Wasser von Tümpeln und Lagunen durchsiebt und das hier lebende Kleingetier erfaßt. Außerdem kann der Säbelschnäbler, kurz auch »Säbler« genannt, ausgezeichnet schwimmen, da zwischen seinen Zehen in gewissem Umfange Schwimmhäute entwickelt sind.

Wenn sich der Säbelschnäbler Anfang April auf seinem Brutplatz, vorwiegend spärlich mit Salzpflanzen bewachsenen Sandplatten in der Nähe flacher Gewässer einfindet, so ist er selten allein. In der Regel bilden Säbler kleine Brutkolonien, wobei die Nester der Brutpaare oft nur wenige Meter voneinander getrennt liegen.

Das Nest wird mit trockenen Halmen gebaut und enthält vier Eier, die hinsichtlich der Größe und Farbe von Austernfischer-Eiern kaum zu unterscheiden sind.

Säbler sind gegen Störungen im Brutgebiet sehr empfindlich. Schon von weither fliegen sie mit klagendem »Blüt-blüt-blüt« dem Störenfried entgegen. Wie Austernfischer und Sandregenpfeifer stellen auch sie sich flügellahm, um von ihrem Brutplatz oder den nestflüchtenden Jungen abzulenken.

Eingriffe und Veränderungen von Naturlandschaften, sei es durch Entwässerung, Aufforstung oder Besiedlung, haben immer wieder gewissen Vogelarten den ursprünglichen Lebensraum genommen und nicht selten das völlige Verschwinden einiger Arten zur Folge gehabt.

Doch gibt es auch Gegenbeispiele, wie durch Veränderung einer Landschaft andere Vogelarten begünstigt werden und eine Neuverbreitung oder Vermehrung bewirken. Dafür ist der Säbelschnäbler ein markanter Beweis. Nachdem dieser eigenartige Vogel eben nach der Jahrhundertwende fast völlig aus dem Nordseeküstenbereich verschwunden und nur noch in lokalen Restbeständen, z. B. auf der Hamburger Hallig zu finden war, erfolgte um 1950 wieder eine deutliche Zunahme des Säbelschnäblers sowie auch eine Besiedlung bisher unbesetzter Brutplätze. Diese erfreuliche Entwicklung, die sicherlich auch auf klimatische Faktoren zurückzuführen ist, wurde besonders begünstigt durch die Entstehung des Rantum-Beckens auf Sylt und des Speicherbeckens im Hauke-Haien-Koog an der nordfriesischen Festlandsküste.

Beim Rantum-Becken handelte es sich um eine militärische Anlage, einem aus einer eingedeichten Wattenfläche gebildeten Wasserflugzeugplatz, der nach Kriegsende demontiert wurde. Das Wasser lief größtenteils ab, und zurück blieb eine Lagunenlandschaft. Eine ähnliche Landschaft entstand nach der Eindeichung des Hauke-Haien-Kooges 1959 durch ein Speicherbecken unmittelbar hinter dem Deich. Auch hier fand der Säbelschnäbler einen ihm zusagenden Lebensraum.

Außer in diesen genannten Reservaten ist der grazile Säbler gegenwärtig in mehr oder weniger großer Zahl auf Vorländern, Wattwiesen, Hellern und Groden mehrerer Nord- und Ostfriesischer Inseln zu finden. Hauptbrutplatz ist gegenwärtig die Leybucht an der Emsmündung mit fast 1 000 Brutpaaren.

Die Silbermöwe

Gestalt und Gefieder der Silbermöwe (Larus argentatus) zu beschreiben erübrigt sich. Gehört sie doch zu den bekanntesten Vogelarten, nicht nur an der Nordseeküste. Von den 44 Möwenarten, die auf der Erde vorkommen, ist die Silbermöwe am häufigsten. Sie ist, in mehrere Rassen unterteilt, als Brutvogel an allen Küsten auf der nördlichen Halbkugel zu finden und tritt hier lokal in beachtlicher Zahl auf.

Die Gesamtzahl der Brutpaare an der deutschen Nordseeküste liegt gegenwärtig (1985) bei etwa 35000. Im Bereich der Ostfriesischen Inseln sind Memmert (14000 Brutpaare), Lütje Hörn (1600 BP.), Langeoog (6600 BP.), Spiekeroog (4100 BP.) und Mellum (5000 BP.) die Schwerpunkte. Auf den nordfriesischen Inseln ist Amrum mit etwa 2000 Paaren der bedeutendste Brutplatz der Silbermöwe, nachdem in den Jahren vor dem 1. Weltkrieg die Silbermöwen von Sylt (ca. 10000 Brutpaare) durch militärische Anlagen und Schießübungen aus den Dünen von Hörnum und List vertrieben wurden. Beachtlich ist auch die Zahl der Silbermöwen auf den kleinen Halligen Süderoog und Südfall. Ein weiterer bedeutender Brutplatz (ca. 1 500 BP.) ist die Insel Trischen vor der Küste von Dithmarschen. Bevorzugt wird Dünengelände, doch nistet die Silbermöwe auch, wie das Beispiel von Süderoog, Südfall und anderen Halligen zeigt, auf Grünland.

Segelnd, fast ohne Flügelschlag gleiten die großen Möwen dahin. Geschickt die Aufwinde an Deichen und Dünen ausnutzend, schweben sie über der Brandung, um nach angespülten Seetieren zu spähen. Bei Ebbe sitzen sie nahrungssuchend wie leuchtende Punkte verteilt im Wattenmeer. Hier stellen sie verschiedenen Krebstieren, vor allem Strandkrabben und Muscheln nach. Als Aas- und Allesfresser vertilgen sie auch tot angetriebene Fische, Tümmler und Seehunde, auf Landstraßen überfahrene Tiere oder Abfälle, die ihnen in Häfen, Fischereibetrieben oder auf Müllplätzen angeboten werden. Bei Gelegenheit spezialisieren sich Silbermöwen aber auch auf den Raub von Gelegen und Jungvögeln anderer Vogelarten, so daß sie in dieser Beziehung recht unerfreulich in Erscheinung treten.

Schiffspassagiere kennen Silbermöwen als treue Begleiter mit auffallend geringer Fluchtdistanz. Ganz nahe schweben sie an der Reeling entlang und streiten um Brotbrocken, die Fahrgäste ihnen zuwerfen. Manche Möwen nehmen hingehaltene Bissen auch im Vorbeiflug aus der Menschenhand.

Die Lebensweise der Silbermöwe ist so gründlich erforscht wie bei kaum einer anderen Vogelart. Bemerkenswert sind die Anpassungsfähigkeit und die Auffassungsgabe der Silbermöwe. Kein anderer einheimischer Vogel verfügt über einen ähnlich großen »Wortschatz« an kommunizierenden Lautäußerungen.

Bereits ab Ende Februar, Anfang März besetzen die Silbermöwen bei gutem Wetter während der Flutzeit stundenweise ihr Brutrevier. Einmal verpaarte Silbermöwen leben in der Regel in langjähriger, wahrscheinlich lebenslanger Dauerehe. Im Winterhalbjahr trennen sich zwar die Wege der Gatten, doch finden sie sich Ende des Winters auf den Brutplätzen wieder zusammen. Jüngere, noch unverpaarte Möwen finden in großen Versammlungen durch ein eigenartiges Zeremoniell ihren Partner und müssen sich dann innerhalb des Brutgebietes einen Platz erstreiten. Silbermöwen sind Koloniebrüter, doch achtet jedes Paar innerhalb der Kolonie auf seinen eigenen, abgegrenzten Platz, der mit mancherlei Droh- und Angriffsgebärden gegen eindringende Artgenossen verteidigt wird. Besonders eindrucksvoll ist das Warnjauchzen der Silbermöwe, »Kü-o kü-o küoküoküokü«. Gelegentlich kommt es auch zu heftigen Kämpfen zwischen den Männchen, wenn die unsichtbaren Reviergrenzen verletzt werden. Silbermöwen müssen sich aber auch gegen Räuber ihrer eigenen Art erwehren, die sich als »Eierdiebe« spezialisiert haben.

Zwischen Anfang bis Mitte Mai wird das Nest gebaut und dabei fast die gleiche Örtlichkeit wie in den Vorjahren gewählt. Es ist schon erstaunlich, mit welcher Beharrlichkeit ein Silbermöwenpaar Jahr um Jahr am einmal erwählten Brutplatz festhält.

Das Weibchen legt drei große Eier, die von sehr unterschiedlicher Farbe sind. So findet man sowohl schwarzbraune als auch hellblaue, fast fleckenlose Eier. Durchweg aber haben Möweneier eine olivbraune, olivgrüne oder graue Grundfarbe, die mit zahlreichen dunklen Flecken übersät ist.

Da Silbermöwen, wie erwähnt, bei Gelegenheit oder als Spezialisten anderen, selteneren See- und Strandvögeln Gelege und Jungvögel rauben, wurde seit jeher einer übermäßigen Vermehrung der Silbermöwen durch das Absammeln ihrer Gelege vorgebeugt. Auch heute werden fast überall, wo Möwen gleich welcher Art vorkommen, bis zum 10./15. Juni die Gelege gesammelt. Da alle Möwen bei Verlust ihres Erst- und Zweitgeleges ein drittes Nachgelege machen können, kommt ein bestimmter Prozentsatz mit dem letzten Gelege über die Junimitte hinaus, so daß eine gewisse Nachwuchsrate gesichert ist.

Eiersammler, bei denen es sich um Vogelwarte oder um Insulaner handelt, die vom betreffenden Jagdpächter eine Sammelerlaubnis erhielten, werden von den Silbermöwen scharf attackiert. Sobald sich der Eiersammler dem unmittelbaren Nestgebiet nähert, stößt das Silbermöwenmännchen im Sturzflug herab und saust dicht über dem Kopf des Menschen mit lautem »Gagagagak« oder einem katzenähnlichen Schrei wieder in die Höhe. Es kommt jedoch auch vor, daß dem Eiersammler mit Schnabel oder Flügeln Verletzungen zugefügt werden, vor allem, wenn der Angegriffene Furcht- und Fluchtreaktionen zeigt.

Noch unangenehmer gestalten sich solche Angriffe allerdings, wenn ein Silbermöwenpaar frisch geschlüpfte Junge hat. Dann stoßen die herabstürzenden Altvögel aus dem Vormagen nicht selten einen übelriechenden Nahrungsbrei über den Störenfried aus.

Nach etwa 30tägiger Brutzeit, an der Männchen und Weibchen in gleichgewichtiger Weise beteiligt sind, schlüpfen die jungen Möwen. Als »unechte« Nestflüchter können sie zwar schon wenige Stunden

Angreifende Silbermöwe

Im Silbermöwennest: Die Jungen schlüpfen

Junge Silbermöwe im Dunenkleid

Silbermöwe mit ihren Jungen

. . . Mit etwa 50 Tagen flügge

nach dem Schlüpfen laufen, bleiben jedoch noch Tage, unter Umständen sogar bis zu einer Woche im Nest oder in unmittelbarer Nestnähe.

Auch später überschreiten sie nie die unsichtbare Grenze des mehr oder weniger großen Brutplatzes ihrer Eltern, da sie als Eindringlinge in Revieren benachbarter Silbermöwen-Paare ohne weiteres totgehackt würden.

Bei der Fütterung der Jungen spielt der rote Fleck auf dem Schnabel der Elternvögel eine gewisse Rolle: Die Jungen picken auf diesen Fleck und lösen damit das Herauswürgen von Nahrung aus dem Vormagen des Altvogels aus. Die Fütterung vollzieht sich in der Regel auf einem bestimmten Platz, wo sich bald die Schalen von Muscheln, die Panzer von Strandkrabben, aber auch Tierknochen von Abfallplätzen häufen. Gelegentlich weisen solche Futterplätze auch auf die räuberischen Eigenschaften der Silbermöwe hin, wenn sie die Jungen von Rotschenkeln, Eiderenten und Brandgänsen enthalten, die offenbar von den jungen Silbermöwen nicht geschluckt werden können.

In den Stunden zwischen den Fütterungen sitzen die Jungen fast teilnahmslos in der Vegetation, bewacht von einem Elternvogel, während der andere zur Nahrungssuche abwesend ist. Bei Gefahr laufen die Jungen zur nächsten Deckung und drücken sich regungslos nieder. Ankommende Elternvögel werden mit bettelnden »Tschälälälä«-Rufen empfangen.

Etwa 50 Tage nach dem Schlüpfen werden die Jungen flügge, doch werden sie noch einige Wochen von ihren Eltern versorgt. Fast vier Jahre behalten die jungen Silbermöwen ihr braungesprenkeltes Federkleid. Erst im vierten Lebenssommer werden sie geschlechtsreif und tragen nun das weiße Gefieder mit den silbergrauen Flügeldecken.

Die Heringsmöwe

Die Heringsmöwe (Larus fuscus) ist eine nahe Verwandte der Silbermöwe. Schon mehrfach wurden Mischehen zwischen beiden Arten bekannt. Als Brutvogel ist sie an den Küsten West- und Nordeuropas zu finden, und zwar in den drei Rassen graellsii, intermedius und der Nominatform. Eine vierte Rasse, antelius, kommt an der sibirischen Eismeerküste vor. Die Nominatform Larus f. fuscus ist im Ostseeraum verbreitet. Sie hat von den Rassen der europäischen Heringsmöwe die dunkelsten, fast schwarze Flügeldecken. Die Rasse Larus f. graellsii wird auch »Westliche Heringsmöwe« genannt. Ihre Flügeldecken sind hellgrau. Sie brütet auf Island, den Britischen Inseln, an den Küsten der Bretagne und Hollands und auf den Ostfriesischen Inseln. Hier ist Memmert mit rund 1 000 Paaren (1985) der bedeutendste Brutplatz. Aber seit Mitte der 1970er Jahre breitet sich die Heringsmöwe aus und ist inzwischen auf Mellum, Lütje Hörn, Norderney, Baltrum, Langeoog und Spiekeroog (hier 1985 schon 130 Paare) zu finden.

Auf der nordfriesischen Insel Amrum erfolgte 1968 eine erste Brut. Jahr um Jahr kehrte das Paar an die gleiche Stelle zurück, blieb aber zunächst das einzige. Erst 1975 kamen weitere dazu und besiedelten auch die Amrumer Dünen, hier vor allem feuchte Täler mit Kriechweide und Rauschbeerengestrüpp, aber auch Täler mit Seggen, Silbergras und Heide. Inzwischen zählt die Insel an die 200 Brutpaare, wobei verschiedene Rassen vertreten sind. 1968 wurde auch die Insel Trischen vor Dithmarschen von einem Paar besetzt. 1983 waren es schon 12 und die Zahl steigt weiter.

Brutbiologie und Ernährungsweise der Heringsmöwe sind weitgehendst identisch mit der Silbermöwe. Doch fällt erstere kaum durch den Raub von Gelegen und Jungvögeln auf und treibt sich bei der Nahrungssuche weniger in Menschennähe umher.

In einer Hinsicht unterscheidet sich die Heringsmöwe jedoch von allen anderen einheimischen Möwenarten: Sie ist als einzige Möwe ein ausgesprochener Zugvogel. Im September und Oktober schweben die Heringsmöwen einzeln, alle paar Kilometer ein Vogel, über Inselwelt und Meereslandschaft in Richtung Süden oder Südwest. Dabei folgt die östliche Rasse, also die Nominatform, den mitteleuropäischen Flüssen aufwärts, fliegt über die Länder Südeuropas und über das Mittelmeer zu den Winterquartieren an den nordafrikanischen Küsten. Eine Anzahl von Heringsmöwen wandert sogar nilaufwärts bis zu den großen zentralafrikanischen Seen.

Die norwegische Rasse L. f. intermedius sowie die westliche Rasse L. f. graellsii ziehen hingegen, der westeuropäischen Küstenlinie folgend, bis hinunter zur Küste von Westafrika. Erst Anfang April kehren die Heringsmöwen zu ihren Brutplätzen zurück.

*

Im Spätsommer und Winter hält sich an der Nordseeküste eine weitere Möwenart mit schwarzen Flügeldecken auf: die Mantelmöwe (Larus marinus). Sie ist die größte aller Möwen, mit einer Flügelspannweite von etwa 1,80 m.

Die Mantelmöwe brütet nicht an der Nordsee. Der nächste Brutplatz liegt auf dänischen Inseln im Kattegat. Ansonsten ist diese Großmöwe an den Küsten von Grönland, Island, Irland, der Westküste Großbritanniens, der Bretagne sowie rund um die skandinavische Halbinsel einschließlich der finnischen Küste und auf einigen Ostseeinseln verbreitet.

Die Sturmmöwe

Die Sturmmöwe (Larus canus) erscheint auf den ersten Blick wie eine verkleinerte Ausgabe der Silbermöwe. Die Unterschiede liegen im Detail: Der Schnabel der Sturmmöwe, einfarbig gelb, wirkt gegenüber dem klotzigen Hakenschnabel der Silbermöwe fast zierlich, und das Auge der Sturmmöwe ist schwarzbraun, während das Auge der Silbermöwe durch seine gelbe Iris hervorsticht. Abgesehen vom Größenunterschied, der einem fernen Beobachter allerdings, wie zwischen Mantel- und Heringsmöwe, oft nur durch ein vergleichbares Nebeneinander beider Arten deutlich wird, ist die Sturmmöwe an ihrem Ruf »Meo meo meomeomeo« erkennbar.

Während die Silbermöwe an fast allen Küsten der nördlichen Halbkugel als Brutvogel vorkommt und als Charaktermöwe der Nordsee gilt, beschränkt sich das Verbreitungsgebiet der Sturmmöwe auf Nordeuropa und von hier aus durch Sibirien über Alaska bis nach Kanada. Dabei kommt sie als Brutvogel nicht nur an der Küste, sondern an geeigneten Örtlichkeiten auch im Binnenlande vor. Die Sturmmöwe dominiert als Charaktermöwe der deutschen Ostseeküste mit umfangreichen Brutkolonien auf einigen Schleiinseln, auf dem Graswarder vor Heiligenhafen, dem Langenwerder bei Poel und auf Hiddensee.

An der deutschen Nordseeküste gibt es nur wenige Brutplätze von Bedeutung, so auf Amrum mit fast 500, auf Norderney mit rund 100 und Langeoog mit knapp 90 Paaren. Auf den anderen Nordseeinseln kommen Sturmmöwen nicht oder nur in wenigen Paaren vor, so auch auf den »Möweninseln« Memmert und Mellum. Offenbar spielt hier die Konkurrenz gegenüber der Silbermöwe eine Rolle. Wie andere See- und Strandvögel, so muß auch die Sturmmöwe Gelege und Jungvögel gegen räuberische Silbermöwen verteidigen.

Andererseits ist auch die Sturmmöwe bei ihrer Nahrungssuche nicht wählerisch. Eier und Junge kleinerer Küstenvögel, aber auch von bodenbrütenden Singvögeln, stehen auf der Speisekarte dieser Möwe. Außerdem werden Eidechsen, Würmer und andere Bodentiere erbeutet. Wie andere Möwen, so dürften die an der Nordseeküste vorkommenden Sturmmöwen aber ebenfalls überwiegend vom Seegetier des Wattenmeeres leben. Aus dem menschlichen Bereich holt sich die Sturmmöwe kaum Nahrung, abgesehen davon, daß sie der Pflugschar pflügender Bauern folgt. Aber als Begleiter von Passagierfähren ist die Sturmmöwe fast unbekannt, auch auf den Müllplätzen tritt sie viel weniger in Erscheinung als andere Möwenarten.

An der Nordseeküste liegen die Brutplätze der Sturmmöwen vorwiegend im Dünengelände der Inseln, jedoch fast immer am Rande der Silbermöwen-Kolonien. Als Nistplatz wählen Sturmmöwen gerne kleine Erhöhungen. Oft findet man auch Nester, die mitten in einen Strandhaferbusch hineingebaut wurden. Anfang Mai werden drei Eier gelegt, die entweder eine grüne oder braune Grundfarbe haben und mit dunkelbraunen Flecken übersät sind. Allerdings werden fast überall auch die Erstgelege der Sturmmöwen abgesammelt und als »Delikatesse« in den Handel gebracht. Erst aus dem zweiten oder gar dritten Nachgelege ergibt sich der Nachwuchs der Sturmmöwen. Im übrigen gleicht hier die Brutpflege den anderen Möwenarten.

Im Winter suchen die Sturmmöwen der Nordsee die Atlantikküste von England, Frankreich und Spanien auf, doch bleiben etliche auch an unseren Küsten zurück.

Die Lachmöwe

Die Lachmöwe (Larus ridibundus) ist als Brutvogel auf Island, den Britischen Inseln und von hier aus über ganz Mitteleuropa durch die Sowjet-Union bis zur Mandschurei verbreitet. Die Bezeichnung Lachmöwe bezieht sich aber nicht auf die Stimme dieser Möwe, die keineswegs wie ein Lachen klingt, sondern aus heiseren und krächzenden Rufen wie »rr-au« und »kra kra« besteht. Vielmehr gab das ursprüngliche Brutgelände, verschilfte Seen, Teiche und Lachen, der Möwe diesen Namen. Eine andere Namensdeutung durch Prof. Stresemann behauptet, daß die Bezeichnung Lachmöwe auf eine bereits im 18. Jahrhundert erfolgte Verwechselung mit der Aztekenmöwe (Larus atricilla) erfolgte. Der englische Name »Laughing Gull«, der sich tatsächlich auf die wie ein Lachen klingende Stimme von L. atricilla bezog, wurde 1773 durch S. Müller irrtümlich für Larus ridibundus, unsere heutige Lachmöwe, angewendet und festgeschrieben.

Die Lachmöwe wird im Brutkleid vom Frühjahr bis Mitte des Sommers vor allem durch den schwarzbraunen Kopf gekennzeichnet. Im Herbst und Winter ist nur ein dunkler Fleck hinter den Augen sichtbar.

Wie bereits angedeutet, war die Lachmöwe ursprünglich eine Möwe des Binnenlandes. Hier hatte sie in der Randvegetation von Gewässern ihre Brutplätze. Erst in den Jahren zwischen 1930-40 trat die Lachmöwe als Brutvogel vereinzelt auf den Nordseeinseln und Halligen auf (Mellum 1933, Norderoog 1934, Wangeroog 1939). Etwa von 1950 an ist die Lachmöwe nicht nur ständiger Brutvogel auf fast allen Inseln und Halligen geworden, sondern hat inzwischen mancherorts die Charaktermöwe der Nordsee, die Silbermöwe, buchstäblich »überflügelt«. Im Bereich des Nordfriesischen Wattenmeeres stehen den etwa 2500 Brutpaaren der Silbermöwe gegenwärtig (1985) fast 6000 Paare der Lachmöwe gegenüber. Hauptbrutplätze sind das Rantum-Becken auf Sylt, das Vorland von Föhr, Hallig Norderoog, Hauke-Haien-Koog und die Spähtinge bei Simonsberg, Eiderstedt. Weitere sind auf Pellworm und im Vorland am Nordstrander Damm.

In den letzten Jahrzehnten ist die Lachmöwe auch in zunehmender Zahl auf den Ostfriesischen Inseln aufgetreten, wo mittlerweile auf Borkum 800, auf Juist 1500, auf Spiekeroog 1600, auf Norderney 300 und auf Baltrum sogar 7000 Brutpaare notiert werden. Große Kolonien mit zusammen fast 4000 Paaren gibt es auch in der Leybucht.

Die Nistplätze liegen in der Schilf-, Binsen- und Simsenvegetation von Gewässern und Feuchtgebieten, aber auch auf den Halligwiesen und Hellern am Watt. Alle Möwen sind ausgeprägte Koloniebrüter. Dies gilt ganz besonders für die Lachmöwe, deren Nester nur wenige Meter auseinander liegen. Infolgedessen sind die einzelnen Paare ständig mit der Verteidigung bzw. Behauptung ihres kleinen Revieres beschäftigt, so daß ein unentwegtes, heiseres Geschrei aus den Lachmöwenkolonien zu hören ist.

Entsprechend der feuchten Umgebung sind die Nester sehr umfangreich und hoch aufgeschichtet. Ende April, Anfang Mai werden drei Eier gelegt, die hinsichtlich der Farbe und Flecken den Eiern der Sturmmöwe gleichen. Wie die anderen Möwenarten, so muß sich auch die Lachmöwe gefallen lassen, daß ihre Erstgelege abgesammelt werden. Bedingt durch die Vielzahl der Lachmöwen muß neuerdings auch in Vogelschutzgebieten aus Gründen der »Bestandslenkung«

Gleich einer wirbelnden Wolke von ausgeschütteten Federn folgen Lachmöwen und Sturmmöwen dem pflügenden Landwirt

durch das Eiersammeln der übermäßigen Vermehrung vorgebeugt werden, weil die zierliche Lachmöwe keineswegs Gelege und Jungvögel von benachbarten Arten, z. B. Säbelschnäblern, verschmäht. Ganz überwiegend lebt die Lachmöwe jedoch von Wattgetier, Kleinfischen und Würmern. Auch ist sie als eifrige Insektenjägerin zu beobachten, wobei zahlreiche Schadinsekten auf ihrer Beuteliste stehen. Zusammen mit der Silbermöwe gehört sie heute zu den regelmäßigen Begleitern von Krabbenfischern und Fährschiffen, um Abfälle zu erbeuten oder sich von Fahrgästen füttern zu lassen.

Sobald die Jungen, die von Männchen und Weibchen gemeinsam ausgebrütet und großgezogen wurden, flügge sind, werden die Brutplätze verlassen. Die Brutzeit ist vorbei, und allmählich verschwindet das schwarzbraune Kopfgefieder der Altvögel. Nur wenige ziehen im Winter bis zum Mittelmeer. Die meisten Lachmöwen bleiben im Lande und beleben hier Hafenstädte und Meeresküsten.

Die Dreizehenmöwe

Die Dreizehenmöwe (Rissa tridactyla) gleicht hinsichtlich ihrer Größe und Gestalt der Sturmmöwe, unterscheidet sich jedoch durch die schwarzen Beine und den fehlenden Hinterzeh erkennbar von der Sturmmöwe, die gelbgrüne Beine hat.

Die Dreizehenmöwe ist eine ausgesprochene »Seemöwe«, die nur während der Brutzeit an Land kommt. An den Abhängen der nordatlantischen und circumpolaren »Vogelfelsen« bilden sich Brutkolonien mit bis zu hunderttausend Paaren. Auf schmalen Felsbändern liegen die kotverklebten Nester mit den zwei Eiern.

An der deutschen Nordseeküste bietet nur Helgoland mit seinen Klippen die Möglichkeit für Bruten von Dreizehenmöwen.

Bis um 1800 war diese Möwenart als Brutvogel an der Westklippe bekannt, verschwand dann aber und stellte sich erst 1938 wieder ein. Gegenwärtig brüten knapp 2500 Paare auf Helgoland.

Bedingt durch die Lage des Nestes müssen die Jungen als »Nesthokker« bis zum Flüggewerden am Platz bleiben, bis sie etwa Ende Juli den Altvögeln hinaus auf See folgen können.

Das »Möwenproblem«

Die schon erwähnte Eigenschaft der Möwen, als Gelege- und Jungvo-
gelräuber aufzutreten und unterlegene Seevögel, vor allem Seeschwalben, zu verdrängen, hat vor einiger Zeit in Kreisen des Vogel-
schutzes den Begriff »Möwenproblem« geprägt. Dabei steht gegenwärtig die Vermehrung der Möwen im Vordergrund.

Um die Jahrhundertwende war die Silbermöwe gebietsweise an der
Nordseeküste selten geworden. Ursache war das rigorose Eiersammeln sowie die Schießlust der Kurgäste, die die Silbermöwe, wie übri-
gens auch andere Seevögel, als Zielscheibe benutzten. Die damals ein-
setzenden Schutzbestrebungen (siehe S. 105) bezogen deshalb auch
die Silbermöwe ein, die sich dank ihrer robusten Lebensweise nun
wieder schnell vermehrte und mit ihren räuberischen Eigenschaften
unangenehm in Erscheinung trat. Um 1935 erreichte die Zahl der Silbermöwen mit 30 000 Brutpaaren ihren bisherigen Höchststand.
Konzentriertes Sammeln der Eier, die der Volksernährung zugeführt
wurden, aber auch militärische Anlagen, die zur Vertreibung der
Möwen aus mehreren Brutgebieten beitrugen, ließen die Zahl um
1948 bis auf etwa 5000 Brutpaare herabsinken. Doch neuerdings
brüten wieder etwa 35000 Silbermöwenpaare an der deutschen
Nordseeküste, mit Schwerpunkt auf den Ostfriesischen Inseln.

Noch mehr aber hat sich das Gesamtbild der Möwen durch das umfangreiche Auftreten der Lachmöwe seit etwa 1950 verdichtet, so daß
in die »Bestandslenkung« neben der Silbermöwe nun auch die Lachmöwe mit einbezogen werden muß.

Möwen haben keine natürlichen Feinde, weder den oft zitierten
Fuchs, den es auf den Brutinseln der Möwen nicht gibt, noch den See-
adler, der nie so häufig war, um eine Rolle in der Bestandsregulierung
der Möwen zu spielen. Die Regulierung lag und liegt allein in Händen
des Menschen, früher der Inselbevölkerung, die Möweneier zu Nah-
rungszwecken sammelte. Die zeitliche Beschränkung auf den 15. Juni
bedingte jedoch eine, auch beabsichtigte Nachwuchsrate aus Nachgelegen.

Gegenwärtig werden durch die Zentralstelle für den Seevogelschutz
in Schutzgebieten mit übermäßigem Möwenbestand gezielte Vergif-
tungsaktionen mit Chloralose durchgeführt, eine Maßnahme, die
zwar human, aber nicht unumstritten ist.

Die Flußseeschwalbe

Von den 42 Seeschwalbenarten, die in allen Erdteilen vorkommen, brüten nur 6 Arten, einbezogen die binnenländische Trauerseeschwalbe und die nur in manchen Jahren erscheinende Lachseeschwalbe, an der deutschen Nordseeküste. Andere Arten, wie die seltene Rosenseeschwalbe und die fast sturmmöwengroße Raubseeschwalbe sind nach der Jahrhundertwende verschwunden. Bis dahin brüteten beide Arten noch auf dem »Ellenbogen« von Sylt und auf Jordsand, die Rosenseeschwalbe auch auf der Amrumer Odde.

Die häufigsten Arten der Nordseeküste sind Fluß- und Küstenseeschwalben. Beide Arten werden nicht nur wegen ihrer Ähnlichkeit, sondern vor allem deshalb zusammen genannt, weil beide in vermischten Brutkolonien vorkommen und zahlenmäßig als einzelne Arten kaum erfaßbar sind. Sicher ist nur, daß in unseren Breiten die Flußseeschwalbe (Sterna hirundo) deutlich überwiegt, weil die Küstenseeschwalbe an der deutschen Nordseeküste ihre südlichsten Brutplätze hat. Hauptbrutplätze sind gegenwärtig die Inseln Scharhörn und Trischen, im Bereich der Ostfriesischen Inseln Oldeoog, Wangerooge und Spiekeroog.

Kolonien gibt es ferner auf der Grünen Insel in der Eidermündung sowie auf den Halligen Norderoog und Süderoog. Eine bis 1 000 Brutpaare zählende Flußseeschwalbenkolonie auf der Amrumer Odde ist dagegen um 1960 durch nächtliche Räubereien von Igeln völlig erloschen. Seeschwalben sind aber ganz allgemein nicht so fest an einen bestimmten Brutplatz gebunden, wie andere Vogelarten. Aus oft unerfindlichen Gründen geben sie plötzlich einen Brutplatz auf und siedeln sich andernorts an, um aber auch hier nach Jahren vielleicht wieder zu verschwinden.

In der zweiten Aprilhälfte kehren die Flußseeschwalben einzeln oder in kleinen Gruppen von ihren westafrikanischen Winterquartieren zurück. Die sich unmittelbar an die Heimkunft anschließende Verpaarung vollzieht sich mit einem eigenartigen »Fisch-Zeremoniell«. Dem zunächst ziellosen Herumfliegen mit einem Fisch, folgt schließlich die Übergabe eines Fisches durch das Männchen an ein paarungsbereites Weibchen im zukünftigen Brutrevier. Dabei hält das Männchen dem bettelnden Weibchen jedoch zunächst die »Hoch-

Junge Flußseeschwalbe

zeitsgabe« vor. Erst nach einigem, unter aufgeregtem Geschrei erfolgendem Hinhalten, vollzieht sich die Übergabe – eine Zeremonie, die sich in den nächsten Tagen wiederholt und schließlich auch umgekehrt, vom Weibchen zum Männchen, zu beobachten ist.

Inzwischen ist schon der zukünftige Brutplatz besetzt, wo zunächst ein mehr symbolischer Nestbau erfolgt. Der schließlich einem Flußseeschwalben-Paar gehörende Brutplatz inmitten einer Kolonie ist nur klein. Die Nester der benachbarten Paare liegen oft kaum einen Meter entfernt, und ungeheuer ist der Lärm der ankommenden und abfliegenden oder der auf dem Brutplatz sitzenden Vögel, da es sowohl am Boden als auch im Luftraum zu ständigen »Grenzverletzungen« kommt.

Wenn Fluß- und Küstenseeschwalben in gemischten Kolonien zur Brut schreiten, erkennt man die Nester der Flußseeschwalben daran, daß sie durchweg 3 Eier enthalten und durch reichliche Auspolsterung unserer Vorstellung von einem Nest gerecht werden. Die Küstenseeschwalbe legt dagegen nur ein, höchstens zwei Eier, die in der Regel nur in einfachen Sandmulden liegen. Es gibt aber bei beiden Arten auch Ausnahmen.

Männchen und Weibchen brüten wechselweise das Gelege aus. Beim Brutwechsel wiederholt sich des öfteren in gewisser Weise die »Fisch-Zeremonie«, wenn der ablösende Partner mit einem Fisch im Schnabel landet und der brütende Partner mit girrendem Geschrei die Beute übernimmt, um gleich darauf davonzufliegen. Wie andere Vogelpaare erkennen sich auch Flußseeschwalben auf weite Entfernung an der Stimme. Noch ehe der Partner, sei es zur Brutablösung oder mit einer Beute zwecks Fütterung der Jungen am Nistplatz landet, besteht schon ein gegenseitiger Rufkontakt.

Wie die jungen Möwen sind auch die Jungen der Seeschwalben »unechte« Nestflüchter, die kurze Zeit nach dem Schlüpfen zwar das Nest und zum Teil sogar das nähere Brutrevier verlassen, aber von den Altvögeln noch wochenlang gefüttert werden müssen. Erst wenige Wochen nach dem Flüggewerden sind die Jungen in der Lage, selbst ihre Nahrung, kleine Fische, stoßtauchend aus dem Meer zu erbeuten.

Schon Mitte Juli beginnt der Abzug der Altvögel mit ihren nun flugfähigen Jungen. Der Küste folgend ziehen sie bis hinunter zu den Küsten Westafrikas.

Die Küstenseeschwalbe

Die Küstenseeschwalbe (Sterna paradisaea) ist, wie erwähnt, von der Flußseeschwalbe kaum zu unterscheiden. Erstere hat lediglich etwas kürzere Beine, deutlich über die Flügelenden hinausragende Schwanzspitzen und einen einfarbig roten Schnabel – Merkmale, die allerdings nur dem Ornithologen auffallen.

Auf der Linie Südengland, Holland, deutsche Nord- und Ostseeküste liegen die südlichsten Brutplätze der Küstenseeschwalbe, die nordwärts an den europäischen, asiatischen und nordamerikanischen Meeresküsten verbreitet ist. Dabei dringt die Küstenseeschwalbe als Brutvogel weiter nach Norden vor als irgend ein anderer Vogel. Noch im nördlichsten, eisfreien Landgebiet der Erde, bei Kap Morris Jessup an der Nordspitze von Grönland, sind brütende Küstenseeschwalben anzutreffen.

Balz, Verpaarung, Brut und Aufzucht der Jungen sind nahezu identisch mit der Flußseeschwalbe, doch legt die Küstenseeschwalbe nur 1 – 2 Eier in einfachen, mit der Brust gedrehten Sandmulden. Im Unterschied zu ihrer nahen Verwandten wählt die Küstenseeschwalbe als

Brutplatz gerne sandige Flächen oder mit Muschelschalen bedeckte Strandzonen und Sandbänke. Einzelne Paare kleiden hier ihre Nestmulde vollständig mit Muschelschalen aus, möglicherweise um das Gelege zu tarnen.

Im Brutgebiet sind Küstenseeschwalben sehr angriffsmutig. Es werden nicht nur vorbeifliegende Möwen attackiert, sondern auch in Nestnähe geratene Wanderer mit wütendem »Krri-ä« und Sturzflügen empfangen. Nicht selten stößt die angreifende Seeschwalbe bis auf den Kopf des Störenfriedes herunter, diesen empfindlich verletzend.

Wie andere Seeschwalbenarten, so erbeutet auch die Küstenseeschwalbe ihre Nahrung, kleine Fische, stoßtauchend aus dem Meer. Den Jungen wird die Beute so vorgehalten, daß sie mit dem Kopf voran geschluckt werden kann. Es ist schon erstaunlich zu sehen, wie Tobiasfische, Sandspierlinge und Kleinfische anderer Arten von den Jungen gefressen werden, obwohl sie letztere an Länge weit übertreffen. Oft hängt das Schwanzende des Fisches noch lange aus dem Schnabel des Jungvogels, der das Vorderteil bereits verdaut. Wie bei den Flußseeschwalben, ja auch anderen Seeschwalben und Möwen, fällt dem Weibchen die Aufgabe des Huderns und der Bewachung der Jungen zu, während das Männchen für das Herbeischaffen der Nahrung zuständig ist.

Wenn nicht, was öfter vorkommt, durch Sturmfluten ein erheblicher Teil der Erstgelege vernichtet wurde und Nachgelege erforderlich machten, beginnen die Küstenschwalben bereits Ende Juli mit dem Abzug aus ihren Brutgebieten. Hinsichtlich ihres Zuges übertreffen sie alle anderen Zugvögel, wandern sie doch im Winterhalbjahr bis hinunter zur Südspitze Afrikas, ja noch weiter bis zum Rande der Antarktis. Um die Jahreswende richten sie ihren Flug an der westafrikanischen Küste oder, den südlichen Teil des Atlantischen Ozeanes umrundend, an der südamerikanischen Küste entlang wieder nordwärts, ihrer Brutheimat entgegen. Dabei legen die in Grönland und Nordeuropa brütenden Küstenseeschwalben rund 50 000 Kilometer zurück, die Weiten des Ozeanes vorwiegend im Nonstop-Flug überwindend, da sie sich nur ungern ruhend auf dem Wasser niederlassen. Gerastet wird vor allem auf Inseln und Treibgut.

Entsprechend der südlichen Randgrenze des Brutvorkommens ist die Küstenseeschwalbe auf den Nordfriesischen Inseln etwas häufiger als auf den Ostfriesischen Inseln. Hauptbrutplätze der Küstensee-

Zugwege der Küstenseeschwalbe ▶

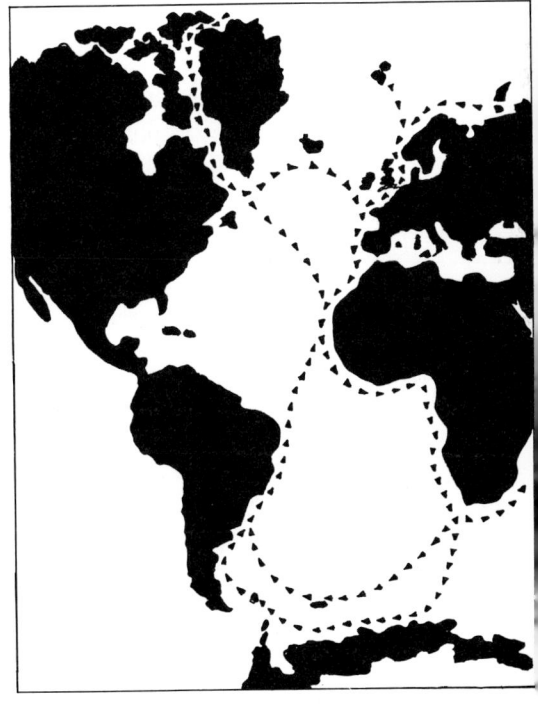

schwalbe sind gegenwärtig Scharhörn und Trischen mit etwa 450 und die Hallig Norderoog mit über 1000 Brutpaaren. Allgemein ist die Anzahl der an der deutschen Nordseeküste brütenden Küstenseeschwalben in den letzten Jahrzehnten stark rückläufig. Möglicherweise sind Klimaveränderungen die Ursache, sicherlich aber auch anhaltende Störung auf den Brutplätzen durch den Fremdenverkehr der Badeorte.

71

Die Zwergseeschwalbe

Sowohl in der deutschen als auch in der wissenschaftlichen Bezeichnung Sterna albifrons werden die wesentlichen Merkmale dieser Seeschwalbenart genannt: Sie ist die kleinste von allen und hat eine weiße Stirn in der sonst schwarzen Kopfplatte. Im Gegensatz zu den hart und herrisch klingenden Rufen anderer Seeschwalben läßt die Zwergseeschwalbe ein eher weiches »Wät-wät witt-witt wittewit« hören.

Wenn bei den voranstehenden Seeschwalbenarten von Sturmfluten und Kurgästen als Störungsursachen am Brutplatz gesprochen wurde, so gilt dies noch mehr für die Zwergseeschwalbe, die fast ausschließlich auf den flachen, von Muschelschalen bedeckten Sandstränden oder Sandbänken brütet. Die unmittelbare Nähe am Meer und die geringe Höhe dieser Plätze über der Hochwasserlinie bedingen, daß schon mittlere Sturmfluten zahlreiche Gelege vernichten. Diese Strandzonen werden aber auch in immer stärkerem Maße in den Fremdenverkehr einbezogen, so daß neben bloßen Störungen immer häufiger Gelege oder Jungvögel von achtlosen Kurgästen zertreten werden.

Mitte Mai legt die Zwergseeschwalbe in einer einfachen Bodenmulde drei sandfarbige, mit dunklen Flecken bedeckte Eier, die zwischen den Muschelschalen ausgezeichnet getarnt sind. Brut und Aufzucht der Jungen gleichen den anderen Seeschwalbenarten.

Die Zwergseeschwalbe, die auf der Linie Schottland, Nordspitze Dänemark, Südschweden ihre nördlichsten Brutplätze hat, aber in mehreren Rassen in fast allen Erdteilen, auch an binnenländischen Salzseen verbreitet ist, kommt zwar als Brutvogel auf den meisten Inseln der Nordseeküste vor und fehlt auch an den sandigen Ufern einiger Halligen nicht, doch handelt es sich überall nur um kleinere Kolonien, oft von kaum 10 Paaren.

Insgesamt dürfte die Zahl der an der deutschen Nordseeküste brütenden Zwergseeschwalben kaum 200 Paare erreichen. Gegenwärtig (1975) ist die Insel Trischen mit etwa 70 Paaren der bedeutendste Brutplatz. Etwa 50 Paare wurden Mitte der 1980er Jahre auf der Kiesfläche an der Amrumer Odde notiert.

Bedingt durch die aufgezeigten Gefahren, wozu noch räuberische Möwen kommen, ist die Nachwuchsrate der Zwergseeschwalben sehr gering. Ein beachtlicher Teil der Brutpaare bringt nicht einmal alljährlich einen einzigen Jungvogel hoch, so daß, wie bei anderen See- und Strandvögeln, nur die relativ hohe Lebenserwartung der Altvögel den Fortbestand der Art gewährleistet.

Spätestens Ende August ziehen die Zwergseeschwalben wieder ab, um den Winter an westafrikanischen Küsten zu verbringen.

*

Zwei weitere Seeschwalbenarten sind eben vor und nach 1900 als Brutvögel von der deutschen Nordseeküste verschwunden: Die Raubseeschwalbe, fast so groß wie eine Silbermöwe, brütete zuletzt noch auf dem Ellenbogen des Listlandes (Sylt), ist aber heute nur noch ein seltener Gast von der schwedischen und finnischen Ostseeküste. Die zweite Art, die Rosenseeschwalbe, wurde noch um 1890 mit wenigen Paaren auf Amrum notiert, ist heute aber in Europa nur noch auf den britischen Inseln zu finden.

Die Brandseeschwalbe

Harte, herrische Rufe eines fast schneeweißen Vogels erklingen über dem Meer. Bald haben unsere Augen im Blau des Sommerhimmels den langflügeligen, dahinziehenden Rufer entdeckt und verfolgen seinen Flug, bis er sich in der Ferne auflöst. Das markante »Kirek kirek – rikrikrik« verriet, daß es eine Brandseeschwalbe (Sterna sandvicensis) war, die von Unruhe und Wanderlust erfaßt nach vollendeter Brutzeit bereits auf dem Wege nach Süden ist.

Wohl nur in dieser Form, ziehend oder fischend über dem Meer oder rufend in der Luft, wird der Naturfreund diese fast lachmöwengroße Seeschwalbe an der Nordseeküste antreffen. Denn als Brutvogel ist die Brandseeschwalbe nur noch auf wenigen, abgelegenen Inseln zu finden.

Der zur Zeit bedeutendste Brutplatz ist die Insel Trischen, wo 1975 rund 3 500 Paare gezählt wurden. Der seit Jahrhunderten beständigste und zeitweilig auch einzige Brutplatz dieser Seeschwalbenart ist dagegen die Hallig Norderoog, wo durchschnittlich 800–1 000 Paare brüten. Ansonsten ist die Brandseeschwalbe hinsichtlich der Wahl ihres Brutplatzes ein sehr unsteter und störungsempfindlicher Vogel. Von ihrem langjährigen Brutplatz Mellum wurde sie in der Zeit des 2. Weltkrieges durch militärische Anlagen, und nach ihrer Wiederansiedlung im Jahre 1948 bald darauf wieder durch die Vielzahl der Silbermöwen vertrieben.

Ein bedeutender Brutplatz in jüngerer Zeit war auch Scharhörn vor der Elbemündung. Kleineren Kolonien in den Jahren zwischen 1900–1938 folgte 1955 eine plötzliche Ansiedlung von über 400 Brutpaaren. 1963 waren es sogar 3 300 Paare. Aber nachdem im folgenden Jahr noch knapp 2 000 Brandseeschwalben auf Scharhörn brüteten, erlosch das Brutvorkommen wieder, vermutlich durch häufige Störungen tieffliegender Düsenjäger. Dafür siedelte sich eine beachtliche Kolonie auf der kleinen Watteninsel Minsener Oldeoog zwischen Wangerooge und Mellum, sowie auf dem Knechtsand an.

Brandseeschwalben haben jahrzehntelang auch auf Wangerooge gebrütet, zuletzt noch 1963. Eine weitere Brutkolonie wurde 1974 auf der Hallig Süderoog registriert. Doch so plötzlich wie sie mancherorts erscheinen, so verschwinden sie auch wieder von einem zum anderen Jahr, oft ohne erkennbaren Grund.

Hinsichtlich des Brutgeländes bevorzugt die Brandseeschwalbe flache, sandige Wälle mit spärlicher Vegetation in Strandnähe. Wenn alle bisher genannten Seeschwalbenarten als »Kolonie-Brüter«, also in mehr oder weniger großen Gesellschaften brütende Vögel einer Art oder verwandter Arten, vorgestellt wurden, so gilt diese Bezeichnung ganz besonders für die Brandseeschwalbe. In den, oft mehrere tausend Paare zählenden Kolonien liegen die Nester im Durchschnitt nur 35 cm voneinander entfernt. Die einzelnen Brutpaare haben gerade soviel Platz, daß sie aufstehen und ihre Eier wenden oder rundum drehen können, ohne mit ihren langen Schwanzspitzen einen Nachbarn anzustoßen. Dennoch kommen solche »Zusammenstöße« immer wieder vor, und ständiges Zankgeschrei dringt aus der Kolonie. – Mit gesträubtem Nackengefieder keckern sich die stets erregten Vögel an. Dann fliegt, oft ohne ersichtliche Ursache, ein brütender Vogel mit einem Warnruf vom Gelege und reißt in einer Kettenreaktion sämtliche Vögel hoch. Mit ohrenbetäubendem Lärm wirbelt eine Wolke von Brandseeschwalben über dem Brutplatz, und noch größer ist das Geschrei, wenn aus dieser Wolke die Vögel wieder herabregnen, um zielsicher auf dem Nestplatz zu landen. Daß unter den unzähligen, gleich-

Aufwirbelnde Brandseeschwalben

Gelege neben Gelege in der Brandseeschwalben-Kolonie

artig aussehenden Gelegen jeder Vogel sein eigenes findet, ist schon erstaunlich genug.

Erst Ende April, Anfang Mai sind die Brandseeschwalben von ihren Winterquartieren an der süd- und westafrikanischen Küste zurückgekehrt, wobei sich eine Anzahl schon unterwegs verpaart hat. Die Balz besteht aus einem »Flug mit Fisch«, wie er ähnlich auch bei Fluß- und Küstenseeschwalben zu sehen ist, sowie aus einem »Kreistanz«, bei dem Männchen und Weibchen, erregt rufend, mit gesträubtem Kopfgefieder und abgespreizten Flügeln umeinander »tanzen«.

Männchen und Weibchen brüten wechselweise das aus zwei Eiern bestehende Gelege in 26 Tagen aus. Einige Tage nach dem Schlüpfen verlassen die Jungen den eigentlichen Bereich der Kolonie und suchen sich in benachbarter Vegetation ihre Versteckplätze. Wenn es schon erstaunlich ist, daß jedes Brandseeschwalbenpaar unter hunderten, ja tausenden von gleichartigen Gelegen ohne Zögern das ihr gehörende beim Nestanflug findet, so ist es noch bemerkenswerter, daß die Elternvögel im Durcheinander der umherlaufenden Jungen unfehlbar ihre eigenen entdecken, wenn sie mit Nahrung kommen. Vermutlich ist es die Stimme, aber auch die spezielle Gestaltung des Dunenkleides mit ihren Flecken und Streifen, die eine Unterscheidung gegenüber fremden Jungen ermöglicht. Es dauert allerdings einige Tage, ehe ein Elternpaar seine Jungen genau erkennt.

Wenn die Jungen einige Wochen alt sind, wandern sie zum Uferrand. Hier, an der Wasserkante, werden sie noch weiterhin von beiden Eltern gefüttert, ehe sie, etwa 5 Wochen alt, flügge werden. Bald darauf ziehen die Altvögel mit ihrem Nachwuchs, der unterwegs noch eine Weile mit Nahrung versorgt werden muß, südwärts. Das »Kirek kirek rikrikrik« der ziehenden Brandseeschwalben gehört zu den eigenartigsten Stimmungen des spätsommerlichen Nordseestrandes.

Die Lachseeschwalbe

Ein Blick auf die Verbreitungskarte der Lachseeschwalbe (Gelochelidon nilotica) zeigt, daß diese Art rund um die Erde in warmen Ländern, sowohl an der Küste, als auch an Steppenseen im Binnenlande als Brutvogel vorkommt. In Europa brütet die Lachseeschwalbe rund um das Schwarze Meer, in Ungarn, am Mittelmeer, an der bretonischen Küste und an der nördlichen Küste von Dänemark sowie vereinzelt an der deutschen Nordsee.

Dieser nördlichste Lachseeschwalben-Bestand ist von den übrigen Vorkommen völlig isoliert. Vermutlich handelt es sich hier um das Relikt einer früheren Warmzeit.

Im Laufe unseres Jahrhunderts ist diese lachmöwengroße Seeschwalbe sehr unregelmäßig als Brutvogel auf den Nordseeinseln aufgetreten, so zwischen 1931–1940 mit einem Paar auf Norderoog und 1937–38 mit zwei Paaren auf der Amrumer Odde. Danach verschwanden die Lachseeschwalben wieder.

Im Jahre 1965 wurden jedoch an der schleswig-holsteinischen

Westküste wieder 36 Brutpaare gezählt, davon eine Kolonie von 22 Paaren im Hauke-Haien-Koog und weitere im Rantum-Becken auf Sylt sowie auf der Grünen Insel an der Eidermündung. Mit 34 Paaren wurde 1970 auf der Grünen Insel in der Eidermündung eine beachtliche Kolonie dieser Seeschwalbenart registriert, und mit rund 50 Paaren in den 1980er Jahren im Koog der Meldorfer Bucht ein bisheriger Höchststand dieser Art verzeichnet. Einzelbruten wurden auch vom Föhrer Vorland (1979) und aus den Sylter Dünen gemeldet, so daß die Lachseeschwalbe immer noch Brutvogel an der deutschen Nordseeküste ist. Eine nennenswerte Kolonie entwickelte sich auch auf einer Sandinsel, die im Wattenmeer zwischen Archsum und Rantum, Sylt, in Zusammenhang mit der Sandvorspülung am Sylter Strand auf künstliche Weise entstand.

Die Stimme der Lachseeschwalbe klingt wie ein lachendes »Hägähägähägäg«. Ihr Schwanz ist nur schwach gegabelt, und im Gegensatz zu anderen einheimischen Seeschwalben stößt die Lachseeschwalbe nicht tauchend nach Fischen. Sie fliegt vielmehr lachmöwenartig über Dünen, Marschen und Feldmark, um Eidechsen, Mäuse, Würmer, aber auch Jungvögel zu erbeuten. Zu ihrer regelmäßigen Nahrung gehören auch Insekten. Reste dieser Nahrung liegen als Speiklumpen am Nestrande.

Das Gelege besteht aus drei Eiern. Brut und Aufzucht der Jungen erfolgen durch beide Elternvögel.

*

Eine weitere Seeschwalbenart, die blaugrau gefiederte Trauerseeschwalbe, gehört nicht zu den Vögeln der Nordseeküste. Sie kommt zwar als Brutvogel auch vereinzelt auf flachen Gewässern und Mooren der Küstenmarschen vor, doch ihr eigentlicher Lebensraum sind Feuchtgebiete und Flachseen mit Süßwasser.

Auch als Zugvogel tritt die Trauerseeschwalbe an der Meeresküste nur vereinzelt in Erscheinung.

Trottellummen

Trottellumme und Eissturmvogel

Die zur Familie der Alken gehörende Trottellumme (Uria aalge) brütet gesellig an west- und nordeuropäischen Meeresküsten, wo sie zu den typischen Vögeln der sogenannten »Vogelfelsen« gehört und hier mancherorts mit bis zu hunderttausend Brutpaaren vertreten ist.

Im Bereich der deutschen Nordseeküste erfüllt nur der Felsen von Helgoland die Bedingungen, welche die Trottellumme an ihren Brutplatz stellt. Auf den schmalen Felssimsen der Westklippe finden sich alljährlich rund 2 000 Paare dieser Vögel ein, die fast das ganze Jahr hindurch auf dem Meere leben und deshalb eines der häufigsten Opfer der »Ölpest« sind. Nur in der Brutzeit suchen sie das Land auf.

Die Ankunft der Trottellummen, die mit ihrem schwarzweißen Gefieder und ihrer aufrechten Körperhaltung kleinen Pinguinen gleichen, erfolgt bereits Ende Februar, Anfang März. Dicht an dicht werden die schmalen Bänder der Westklippe besetzt, und laut erklingt das »Arr-arr« der sonst stummen Vögel.

Erst im Mai legt das Weibchen ihr einziges Ei ohne irgendwelche

Nestbereitung auf dem Felsband ab. Die birnenförmige Gestalt verhindert, daß das Ei herunterrollt, wenn es im Gedränge der Vögel angestoßen wird. Bedingt durch die Form dreht sich das Ei um seine Spitze. Lummen-Eier sind in ihrer Grundfarbe und Fleckenzeichnung sehr variabel, vermutlich deshalb, damit das Lummen-Paar sein Ei erkennt. Dicht an dicht brüten die Vögel, Streit gibt es selten.

Beide Elternvögel füttern ihr Junges ausschließlich mit Fischen. Kurz vor dem Flüggewerden wagen die jungen Lummen von den bis zu 50 m hohen Felsbändern den Sprung in das Meer und werden bald darauf in die offene Nordsee geführt.

Seit Mitte der 1970er Jahre brütet der Eissturmvogel (Fulmarus glacialis) wieder in den Klippen von Helgoland, 1984 mit 22 Paaren. Sie erinnern an Möwen, mit denen sie aber nicht verwandt sind. Charakteristisch sind die röhrenförmigen Nasenlöcher auf dem breiten Schnabel. Eissturmvögel segeln vorwiegend über das Meer und kommen nur zum Brüten an Land, wo sie auf Felssimsen ein weißes Ei legen. Der Jungvogel wird etwa 2 Monate gefüttert, wird dann – fett genug – von den Eltern verlassen und stürzt sich, wenn sich der Fettvorrat als Nahrungsreserve erschöpft, in das Meer, wo er zunächst noch flugunfähig von Meerestieren lebt.

Eissturmvogel

Der Kormoran

Nur selten hat man an der Nordsee das Glück, den Kormoran (Phala-crocorax carbo) zu sehen, sei es schwimmend, fischend oder mit zum Trocknen ausgebreiteten Schwingen auf Dalben sitzend. Dennoch soll dieser schwarze, etwa silbermöwengroße Vogel Erwähnung finden, brütet er doch mit etwa 130 Paaren (1985) auf zwei ehemaligen Leuchttürmen auf dem Eversand und »Meyers Legde« an der Außenweser. Ein weiteres Brutvorkommen bestand bis 1960 in einem Wald bei Lütetsburg nahe der Stadt Norden. Als die Kormorane dort vertrieben wurden, siedelten sie sich zum Teil auf den genannten Leuchttürmen an, so daß die Zahl der Brutpaare im Jahre 1963 bei rund 60 lag. Weitere Brutplätze liegen in Holland und an der Ostsee.

Normalerweise brüten unsere hiesigen Kormorane auf Bäumen, die durch den ätzenden Kot dieser Vögel jedoch bald absterben, für den Waldbesitzer ein Grund, die Kormorane zu vertreiben.

Vorsicht: Gelege!

Die nachstehenden Gelegetafeln zeigen Gelege von See- und Strandvögeln, so wie sie im Gelände zu finden sind. Eine Ausnahme macht das Gelege der Brandgans auf Abb. 1. Es handelt sich hier um ein »offenes« Nest. Normalerweise liegen Brandgansnester in Höhlen. Sehr ähnlich sind die etwa hühnereigroßen Eier von Austernfischer, Abb. 2 und Säbelschnäbler, Abb. 6. Doch enthält das Nest des Austernfischers vorwiegend 3, ein Säblernest 4 Eier.

Ähnlich dem Uferschnepfen-Gelege, Abb. 3 ist auch das Gelege des Großen Brachvogels (ohne Abb.). Die Flecken auf den grünen bis braunen, fast doppelt hühnereigroßen Eiern, sind undeutlich »verwaschen«. Die Eier von Kiebitz, Abb. 4 und Rotschenkel, Abb. 5 gleichen sich fast, doch liegt das Gelege des Kiebitzes offen, das des Rotschenkels in Grasbülten versteckt. Letzterem gleicht bis ins Detail das Gelege des Kampfläufers (ohne Abb.). Die Eier der genannten Arten sind gleich groß, reichlich halb so groß wie ein Hühnerei. Unverwechselbar sind dagegen die Gelege von Seeregenpfeifer, Abb. 7 und Sandregenpfeifer, Abb. 8. Die drei Eier von ersterem sind grün mit zahlreichen Punkten und Strichen, die vier Eier von letzterem hellgrau mit sparsamer Punktierung. Die Eigröße beider Arten entspricht etwa einem Drittel eines Hühnereies. Die Eier fast aller Limicolen sind birnenförmig und liegen mit der Spitze gegeneinander.

Abb. 9 und 10 zeigen Gelege von Küstenseeschwalbe und Flußseeschwalbe, ersteres im bloßen Sande liegend und nur ein oder zwei Eier enthaltend, letzteres mit drei Eiern in einem ausgepolsterten Nest. Die Eigröße beider Arten entsprechen einem halben Hühnerei. Das ebenfalls im Sand zwischen Muschelschalen liegende Gelege der Zwergseeschwalbe (ohne Abb.) enthält in der Regel drei Eier, die bedeutend kleiner und in der Grundfarbe, sowie der Fleckenzeichnung viel heller sind als die Eier der Küstenseeschwalbe.

Die Gelege der Sturm- und Silbermöwen, Abb. 11 und 12 unterscheiden sich vor allem durch den Größenunterschied. Sturmmöweneier sind hühnereigroß, Silbermöweneier doppelt so groß und in der Grundfarbe variabler.

Die Tarnwirkung mancher Gelege ist so ausgezeichnet, daß größte Vorsicht geboten ist, damit man keines zertritt!

Gelege – Brandgans

Austernfischer

Uferschnepfe

Kiebitz

Rotschenkel

Säbelschnäbler

Seeregenpfeifer

Küstenseeschwalbe

Lachmöwe

Sandregenpfeifer

Flußseeschwalbe

Silbermöwe

Sonstige Brutvögel

See- und Strandvögel dominieren in der Vogelwelt der Nordseeküste. Dagegen spielen Sing-, Wald- und andere »Festlandsvögel« nur eine untergeordnete Rolle, abgesehen von der Feldlerche, die auf den meisten Nordseeinseln sehr häufig ist und deren Lieder im Frühling und Sommer unentwegt die Luft erfüllen. Offenbar begünstigt neben landschaftsbedingten Faktoren das Fehlen der üblichen Bodenfeinde Wiesel, Iltis und Fuchs die bodenbrütende Feldlerche. Nur auf Inseln, die wie Sylt oder Nordstrand durch Dämme Verbindung mit dem Festlande haben, ist Raubwild eingewandert. Auch auf Föhr gibt es seit jeher Wiesel, aber in vertretbarer Zahl. »Naturfreunde« haben allerdings auf mehreren Nordseeinseln Igel eingebürgert, die auf ihren nächtlichen Streifzügen erhebliche Verluste unter den Bodenbrütern anrichten. Auch Gelege größerer Vögel, sogar der Silbermöwen, werden von Igeln nicht verschont.

Feldlerche am Nest

Von den urtümlichen Singvögeln sind neben der Feldlerche vor allem Wiesenpieper und Schafstelze zu nennen, letztere als Wirtsvögel dem Kuckuck dienend. Auch Bachstelze und Steinschmätzer haben seit je auf den meisten Inseln gebrütet, erstere mit Vorliebe unter überhängenden Strandhaferbüschen, letzterer in verlassenen Wildkaninchenhöhlen. Wo, wie auf den nordfriesischen Geestinseln, Getreide angebaut wurde, ist seit alters her die Grauammer bekannt und an geeigneten Stellen der eingedeichten Inselmarschen hat es auch Rohrammern und Braunkehlchen gegeben. Im Siedlungsbereich wurden Rauch- und Mehlschwalben, Star und Sperling registriert.

Noch bis zum Ende des 19. Jahrhunderts waren fast alle Nord- und Ostfriesischen Inseln, von lokalen Ausnahmen z. B. Vogelkojen abgesehen, nahezu baumlos. Erst im Zuge der Seebadgründungen kam es zu umfangreichen Anpflanzungen in den Inselorten sowie auch zu Aufforstungen in geeigneten Insellandschaften.

Als Folge dieser Landschaftsumgestaltung ist es in den letzten Jahrzehnten zu einer umfangreichen Artenvermehrung gekommen. Laubsänger, Grasmücken, Drosseln, Meisen, Finken, Wildtauben, Rabenvögel und andere haben sich nach und nach eingestellt. Die Nester der Rabenkrähen und Elstern haben wiederum die Ansiedlung von Waldohreulen und Turmfalken ermöglicht, die unfähig zu eigenem Nestbau, alte Rabenvogelnester benutzen.

Zu den Vogelarten, die schon immer oder doch seit Jahrhunderten zur Vogelwelt der größeren Nordseeinseln gehören, zählen einige Weihen sowie die Sumpfohreule. Erst neuerdings scheint die Wiesenweihe in Zusammenhang mit einem allgemeinen Rückzug von ihren Brutplätzen auf einigen Nordseeinseln zu verschwinden. Die Rohrweihe ist dagegen noch im Schilf der Inselmarschen als Brutvogel zu finden, und dann und wann wird eine Brut der seltenen Kornweihe registriert, so 1940 und 1967 auf Amrum, seit 1969 auf Borkum und früher schon auf anderen ostfriesischen Inseln.

Besondere Erwähnung verdient die Sumpfohreule, die als »Ödlandvogel« in Dünen und Heide der Nord- und Ostfriesischen Inseln geeignete Brutplätze findet, auf manchen Inseln mit 20 und mehr Paaren.

Auf allen größeren Nordseeinseln haben Jäger Fasane und Rebhühner ausgesetzt. Insgesamt weisen die Brutvogellisten, mit Ausnahme von Helgoland und den Halligen, 50–80 Arten aus.

Kornweihe

Sumpfohreule

Zugvögel

Die sommerliche Brutzeit ist nur ein Teil des Vogellebens an der Nordsee – sie wird umrahmt von den nicht weniger lebhaften Zugzeiten im Frühjahr und Herbst, die uns Massen von Vögeln, darunter seltene Gefiederte aus dem Norden, bescheren.

Im Wattenmeer der Nordseeküste wird das Erscheinungsbild der Zugvögel vor allem von Limicolen, also Austernfischern, Regenpfeifern, Schnepfen, Brachvögeln und Strandläufern bestimmt. Sie geben dem Vogelzug seinen eigentümlichen Reiz und stimulieren auch in uns Menschen die Sehnsucht nach fernen Ländern. In dunklen Herbst- und Frühjahrsnächten klingen die wehmütigen, geheimnisvollen Stimmen dieser Vögel zu uns herab und tagsüber sieht man sie bei Flut in Scharen auf den küstennahen Feldern, bei Ebbe verstreut im Watt. Andere eilen in kleinen Trupps auf ihren flinken Beinen am Flutsaum entlang, um Nahrung zu suchen.

Ziehende Limicolen fallen uns aber vor allem deshalb auf, weil sie in großen Scharen auftreten, oft mehrere tausend Vögel in einer einzigen »Vogelwolke« vereint, so daß ein weithin hörbares Rauschen des vielfältigen Flügelschlages über Inseln und Meer hingeht. Oft zeigen diese ziehenden Vögel seltsame Flugspiele, schwenken wie auf ein unhörbares »Kommando« der Anführer, wobei einmal die helle Bauchseite, dann der dunkle Rücken der Vögel sichtbar wird. In der Regel sind mehrere verschiedene Arten in derartigen Vogelwolken vereint. Alpenstrandläufer und Knutts bilden die Hauptmasse.

Im Gegensatz zum Frühjahr, wenn sich in der kurzen Zeit zwischen dem Ende des Winters und dem Beginn der Brut, der Durchzug dieser Vögel auf wenige Wochen zusammendrängt und deshalb durch die Massierung so eindrucksvoll ist, verteilt sich der Herbstzug über mehrere Monate, bereits im Juli beginnend und bis zum Dezember andauernd. Mitten im Sommer, wenn in den Dünentälern der Nordseeinseln die schwarzen Krähenbeeren reifen, sind die »tü,-tü-tü-tü-tü« rufenden Regenbrachvögel da, um von den Beeren zu äsen. Wenig später stolzieren die braungesprenkelten Pfuhlschnepfen, erkenntlich am aufwärts gebogenen Schnabel, am Wattufer entlang. Und in den Watt- und Marschenwiesen erklingt das laute »Kjük-jüü« der Grünschenkel, dazwischen das aufgeregte »Djüdüdüdüdü« kleinerer Rotschenkelscharen, die sich abreisebereit zusammengeschlossen haben.

Auch unsere Kiebitze sind schon Ende Juli von Wanderlust erfaßt und treiben sich, noch etwas unentschlossen, in kleinen Trupps hin und her.

Regenbrachvogel, Pfuhlschnepfe und Grünschenkel sind Vögel, die in der Tundra Nordeuropas und Sibiriens ihre Brutplätze haben, und sicherlich handelt es sich bei den schon früh im Sommer erscheinenden Vertretern dieser Arten um nichtbrütende Vögel.

Von Mitte August an geraten weitere, kleinere Strandläuferarten dem Naturfreund und Strandwanderer vor die Füße. Es sind die kaum starengroßen Sanderlinge, Zwergstrandläufer und Temminckstrandläufer, die mit »rasendschnellen« Beinen am Brandungssaum entlanghuschen und unermüdlich kleine Wassertierchen aufpicken. Mit zwitscherndem »Pritt pritt« oder »Dirr dirrit« eilen sie vor dem Wan-

Ruhende Strandläufer

Odinshühnchen

Zwergstrandläufer

Meerstrandläufer

Grünschenkel

derer her, fliegen schließlich auf und fallen im Rücken des Wanderers wieder ein, ihr geschäftiges Treiben fortsetzend.

Die Hauptmasse der Limicolen zieht zwischen September und November durch. Vielfältig sind nun die Stimmen, die allenthalben auf den grauen Wattenflächen zu hören sind. Überall sind die braunen und grauen Gestalten der nahrungssuchenden Vögel verstreut – bis schließlich die Flut aufläuft und die Vögel zum Ufer treibt. Hier stehen sie dich an dicht auf einer Sandbank, ruhend auf einem Bein, den Schnabel in das Rückengefieder gesteckt. Stunde um Stunde verharren die Vögel so, bis die Ebbe eintritt und ihre Nahrungsplätze wieder freigibt. Während der Flutzeit ist auch das Innere der Inseln und Halligen belebt. Hier halten sich vor allem Goldregenpfeifer auf, die wir an ihrem melodischen Flötenruf »Tlüü« erkennen.

Im übrigen ist eine genaue Erkennung dieser, sich oft ähnelnder Watvögel für einen Nichtornithologen schwierig genug und in der Regel nur mit Hilfe eines guten Fernglases und eines Bestimmungsbuches möglich, vor allem im Herbst, wenn die Vögel ihr charakteristisches Brutkleid verloren haben. Alle erscheinen sie »grau« und hinzu kommen noch die Jungvögel mit ihrem abweichenden Gefieder.

Allerdings kann man sich manchen dieser Vögel bis auf wenige Schritte nähern. Ihre Fluchtdistanz ist erstaunlich gering, und das hat seinen bestimmten Grund: Die meisten der genannten Limicolen brüten im Norden und Osten Europas und Asiens in einsamen Landschaften, wo sich keine Gelegenheit ergibt, den Menschen als Feind zu erleben. Durch eine geringe Scheu zeichnen sich vor allem Mornellregenpfeifer und Odinshühnchen aus, die jedoch zu den seltenen Zugvögeln an der Nordseeküste gehören.

Sehr scheu ist dagegen der an der sibirischen Eismeerküste brütende Kiebitzregenpfeifer, dessen melodischer Ruf »pi-ü-i« im Herbst und Frühjahr aus dem Wattenmeer erklingt.

In früheren Zeiten hatte die Jagd auf alle Limicolen an der Nordseeküste noch eine gewisse Bedeutung, weil gerade diese Vögel ein ausgezeichnetes Wildbret liefern. Viele Arten sind jedoch in diesem Jahrhundert so selten geworden, daß sie in den meisten Ländern unter ganzjährigen Schutz gestellt wurden. Dies gilt jedoch nicht für Mittelmeerländer und Nordafrika, wo zahlreiche Limicolen ihre Winterquartiere haben. Schutzbestrebungen haben letzten Endes jedoch nur einen Sinn, wenn sie weltweit betrieben werden. Dem Bestand be-

Goldregenpfeifer im Schlichtkleid

Steinwälzer und Alpenstrandläufer

drohter Vogelarten nutzt es kaum, wenn sie in einem Land geschützt, in einem anderen Land aber um so eifriger bejagt werden.

Ein weiterer Grund für den Rückgang lag und liegt aber auch in »Kultivierungsmaßnahmen« der Brutgebiete. Die meisten Limicolen benötigen weite, ungestörte Lebensräume, die heute fast nur noch im Norden Europas und Asiens vorhanden sind. Bezeichnend ist das Schicksal des Goldregenpfeifers, der noch im vorigen Jahrhundert der typische Brutvogel der küstennahen Heideflächen in Norddeutschland und Jütland war. Heute gibt es in einem ostfriesischen Heidemoor noch 2–5 Brutpaare, und nicht viel größer ist die Zahl im letzten Rückzugsgebiet in Jütland.

Hinter den ziehenden Scharen der Watvögel bzw. Limicolen treten andere Zugvögel in den Hintergrund: Die paarweise oder in kleinen Trupps fliegenden Seeschwalben, von denen wir noch am ehesten die ruffreudigen Brandseeschwalben bemerken. – Oder die einzeln und still nach Süden segelnden Heringsmöwen, die als einzige Möwenart wegziehen, während sich die anderen Arten scharenweise im Lande herumtreiben, Müllplätze beleben oder als wirbelnde, kreischende Wolke dem pflügenden Landwirt folgen.

Ein anderer, auffälliger Akzent wird jedoch durch Wildgänse und Wildenten gesetzt, die als Durchzügler im Frühjahr und im Herbst die Küstenlandschaft beleben und gar an der Nordsee überwintern.

An erster Stelle steht die Ringelgans, deren »Rronk rronk« und »Rott rott« zwischen Ende September und Anfang Dezember und dann wieder von März bis Mai aus dem Wattenmeer erklingt. Die Ringelgans ist ein circumpolarer Brutvogel, in vier geografische Rassen unterteilt. Zwei dieser Rassen, nämlich die seltene weißbäuchige und die dunkelbäuchige Ringelgans sind an der Nordsee als Durchzügler und Wintergäste anzutreffen. Erstere brütet im östlichen Kanada, auf Grönland, Spitzbergen und Franz-Josephs-Land, während letztere an der westsibirischen Eismeerküste als Brutvogel zu Hause ist. Während die weißbäuchige Ringelgans nur noch in kleinen Scharen auftritt, erscheint die schwarzbäuchige Rasse zu tausenden.

Und doch handelt es sich bei den gegenwärtig auftretenden Ringelgänsen nur noch um einen Bruchteil des früheren Bestandes. Ältere Wattenjäger wissen noch zu erzählen, daß in der Zugzeit zehntausende dieser schwarzen Gänse das Watt bevölkerten und die Ufer der Inseln und Halligen »schwarz« von diesen Vögeln waren. Die vorbeifliegenden Scharen waren so dicht, daß ein einziger Schrotschuß ein

Ziehende Ringelgänse

halbes Dutzend Gänse vom Himmel holte.

Die starke Reduzierung der Ringelgans (Gesamtweltbestand nur noch etwa 30 000) ist jedoch nur zum Teil eine Folge übermäßiger Bejagung. Ursächlich ist vor allem die »Seegraspest«, eine seit etwa 1930 auftretende Pflanzenkrankheit, die den größten Teil der Seegraswiesen in den Watten der europäischen Atlantikküste vernichtete. Seegras aber gehört zur Hauptnahrung der Ringelgans. Außerdem weidet sie auf den Salzwiesen des Deichvorlandes und der Halligen.

Küstenbewohner nennen die Ringelgans *Rott*gans, wobei jedoch fraglich ist, ob diese Bezeichnung auf die »Rott«-Rufe der Gans oder auf den Flug in Rotten beruht. Ringelgänse fliegen nicht in der typischen Keilform.

Eine weitere, deutlich schwarzweiß gefiederte Gans, die als Durchzügler und Wintergast an der Nordseeküste vorkommt, ist die Weißwangengans. Aus ihrem eng begrenzten Brutgebiet an Küsten und auf Inseln zwischen Grönland und Novaja Semlja ziehen die Weißwangengänse im Oktober – November zu ihrem Winterquartieren an der Nordsee, den Küsten Groß-Britanniens, Frankreichs und Portugals. Das bedeutendste Winterquartier an der deutschen Nordseeküste ist die Hamburger Hallig, wo zeitweilig bis zu etwa 15 000 Weißwangengänse gezählt wurden. Weitere Rast- und Winterquartiere sind die Grüne Insel vor der Eidermündung und die Marschen am Jadebusen. Nur in strengen Wintern weichen die Gänse kurzfristig nach Holland und Frankreich aus.

Die Äsung der Weißwangengänse besteht vorwiegend aus Salzpflanzen. Nur gelegentlich werden Weiden im Binnenlande aufgesucht. In der zweiten Aprilhälfte kehren diese Gänse zu ihren Brutplätzen zurück. Sie stehen schon seit Jahren unter völligem Schutz, weil der Gesamtbestand bereits unter 30 000 liegt.

Gegenüber den »schwarzen« Gänsen treten die »braunen« Arten an der unmittelbaren Nordseeküste, auf Inseln und Halligen, viel weniger in Erscheinung. Die auch in unseren Breiten brütende Graugans streift auf dem Zuge im Herbst und Frühjahr nur in geringer Zahl und lokal den Küstenraum. Eher kann man hier die sehr ähnliche Saatgans antreffen, die im vorigen Jahrhundert als Durchzügler oder Wintergast die häufigste aller »braunen« Gänse war, dann jedoch gegenüber der Kurzschnabelgans immer mehr in den Hintergrund trat. Die Kurzschnabelgans ist eine geografische Rasse der Saatgans. Sie brütet auf Grönland, Island und Spitzbergen und trifft spätestens im Oktober in ihren Winterquartieren rund um die Nordsee ein. An der deutschen Nordseeküste ist die Kurzschnabelgans erst um 1880 erstmalig festgestellt worden, und zwar auf Föhr. Die winterlichen, nassen Marschen dieser Insel wurden bald darauf zum bevorzugten Aufenthaltsgebiet dieser Wildgans. Bis zu 10 000 Kurzschnabelgänse wurden hier geschätzt.

Nach der Flurbereinigung und Entwässerung im Jahre 1960 verschwanden die Gänse jedoch. Heute dominieren sie in den Marschen Ostfrieslands und Hollands. Schließlich sei als Durchzügler und gelegentlicher Wintergast noch die Bleßgans erwähnt, die mit 40 000–50 000 Exemplaren in Holland überwintert.

Von den in Nordeuropa und durch Sibirien brütenden Wildschwänen überwintert ein kleiner Teil an der Nordseeküste, und zwar Singschwäne und Zwergschwäne. Der Zug einer Familie dieser großen, weißen Vögel, die mit schweren Flügelschlägen und klangvollen Rufen über die herbstdunkle Nordsee rudern, gehört zu den großartigsten Bildern der Natur. Höckerschwäne verirren sich dagegen nur ausnahmsweise in das Wattenmeer.

Neben Wildgänsen und Schwänen gehören auch verschiedene Arten von Süßwasserenten zum Bild des Zugvogellebens im Watten-

Nonnengans

Singschwäne, Wintergäste an der Nordsee

meer. Eindrucksvoll sind mancherorts noch immer die Scharen der Pfeifenten, Spießenten und Krickenten, obgleich sich ihre Anzahl nicht mehr annähernd mit jenen Entenmassen vergleichen läßt, die noch um die Jahrhundertwende in der Zugzeit, vor allem im Herbst, die Nordseeküste bevölkerten.

Alle drei Arten sind in Mittel- und Nordeuropa sowie im nördlichen Asien als Brutvögel verbreitet. Im Herbst ziehen sie zu ihren Winterquartieren in Holland, halten sich jedoch monatelang im Wattenmeer auf. Am häufigsten ist die Pfeifente, die auch sehr ruffreudig ist und immer wieder ihr »Wiu« hören läßt. Die im nordfriesischen Watt rastenden Pfeifenten ziehen spätestens Ende November über die Nordsee nach Holland, wobei sich binnen einer Stunde hunderte von Enten zu Flügen von 20 – 30 Tieren in der Luft ordnen und zielstrebig westwärts entschwinden. Zu den bedeutendsten Rastplätzen gehören das Watt an der Ostküste von Föhr, das Speicherbecken des Hauke-Haien-Kooges mit zeitweise bis zu 7 000 Pfeifenten, der Jadebusen und ähnliche windgeschützte Wattenbuchten oder Inselküsten.

Zum Fang der genannten Entenarten wurden im 18. und 19. Jahrhundert auf den nordfriesischen Inseln Sylt, Föhr, Amrum, Pellworm und Nordstrand »Vogelkojen« angelegt, wie sie schon seit langem in Holland vorhanden waren. Bei diesen Fanganlagen handelte es sich um große, quadratische Süßwasserteiche, von deren Ecken netzüberspannte Seitenkanäle, die sogenannten »Pfeifen« abzweigten. Schilfkulissen und dichtes Gebüsch tarnten den Kojenmann, der mit Lockenten und ausgestreutem Futter die auf dem Teich eingefallenen Wildenten hinein in die »Pfeife« lockte und schließlich in eine Reusenvorrichtung trieb.

Besonders erfolgreich waren die Fänge einiger Vogelkojen auf Föhr. Die im Jahre 1730 angelegte Vogelkoje von Oevenum fing in rund 200 Jahren über 3 Millionen Enten. Die Amrumer Anlage erreichte in der Zeit von 1866 bis 1930 einen Fang von knapp einer halben Million. Davon waren 90 % Spießenten, die heute als Zug- und Rastvögel im nordfriesischen Wattenmeer nur noch in geringer Zahl in Erscheinung treten. Lediglich im Hauke-Haien-Koog werden bis zu 2 000 Spießenten gezählt. In den Föhrer Kojen, von denen einige noch 1975 die Fangkonzession hatten, wurden überwiegend Pfeifenten gefangen. Während auf den anderen nordfriesischen Inseln der Entenfang wegen mangelnder Erträge schon seit einigen Jahrzehnten ruht, sind in den letzten Jahren auch mehrere Föhrer Vogelkojen stillgelegt, weil

Pfeifente (Erpel)

die Fangergebnisse den Aufwand nicht mehr decken. Allgemein werden Störungen in den Brutgebieten und Unruhe in den Rastgebieten dieser Wildenten für das Fehlen der früheren Massenscharen verantwortlich gemacht. Wenn man aber an den Kranz von Vogelkojen rund um die dänische, deutsche, holländische und englische Nordseeküste denkt und die früheren Millionenfänge zusammenrechnet, so wird deutlich, wo diese Wildenten geblieben sind.

Pfeif-, Spieß- und Krickenten sind dennoch die weitaus häufigsten Süßwasserenten, die an der Nordseeküste rasten und in Einzelfällen auch überwintern. Andere Arten, von der allgegenwärtigen Stockente abgesehen, kommen nur in kleinen Zahlen vor. Lediglich die Löffelente ist regelmäßig vertreten.

Wintergäste

Nordseeküste und Wattenmeer sind auch im Winter belebt von zahlreichen Vögeln, wobei es sich sowohl um Standvögel als auch um zurückgebliebene Durchzügler und Wintergäste handelt.

Zu den Standvögeln, auch Jahresvögel genannt, gehören neben den Silber- und Lachmöwen auch die Charaktervögel des Wattenmeeres, die Austernfischer. Zu tausenden lärmen sie am Strande, wo sie mit ihren schwarzen Rücken dicht an dicht nebeneinander stehen, wenn das Wasser der Flut sie von ihren Nahrungsplätzen im Watt vertrieben hat. Durchweg sind die Winter an der Nordsee so milde, daß das Wattenmeer ganz oder überwiegend eisfrei bleibt. Nur bei anhaltend strengem Frost geraten die Austernfischer in Nahrungsnot und ziehen dann noch im Februar in zügigem Flug zur englischen oder französischen Atlantikküste.

Standvögel im nordfriesischen Wattenmeer sind auch die Eiderenten, die in großen Scharen auf dem Wasser liegen und unberührt von Nahrungssorgen nach Miesmuscheln tauchen. Aber auch an der südlichen Nordseeküste, bei den Ostfriesischen Inseln, sind Eiderenten eine regelmäßige Erscheinung.

Trauerente (Erpel)

Neben den Eiderenten, deren Erpel schon das auffallend schwarz-weiße Brutkleid tragen, schwimmen einfarbig schwarze Enten, die ebenfalls ständig nach Nahrung tauchen. Es sind Trauerenten aus dem Norden Europas und Sibiriens. Nur selten sehen wir sie an Land, und wenn, dann sind es kranke oder sterbende Tiere. Unter den Opfern der Ölpest ist die Trauerente sehr häufig vertreten.

Ein anderer Wintergast aus dem Norden ist die Eisente, deren Rufe »au au lit« unverwechselbar sind. Der Erpel ist durch die lebhafte Zeichnung seines Gefieders, vor allem aber durch den langen, spießartig wirkenden Schwanz erkenntlich. Auch Eisenten sind ausdauernde Taucher.

An windstillen, frostklaren Wintertagen stellen wir eine weitere Ente fest, obwohl wir sie mit den Augen oder dem Fernglas vergeblich suchen: die Schellente, deren »wiwiwiwiwiwiwi« klingender Flügelschlag kilometerweit zu hören ist.

Seltene, aber hier und da zu beobachtende Wasservögel, sind Gänse-, Mittel- und Zwergsäger sowie Pracht- und Sterntaucher. Manche dieser Vögel sind nur verölt oder tot im Flutsaum zu finden und weisen auf die weiter draußen in der Nordsee überwinternden Scharen

Eisente (Erpel)

dieser Arten hin. Auch Vertreter der nordischen »Vogelberge«, wie Eissturmvogel, Trottellumme, Tordalk und Gryllteist gehören dazu.

Neben winterlichen Unbilden treiben auch anhaltende Stürme von See her manchen nordischen Vogel zur Küste. Regelmäßig erscheinen die großen Baßtölpel an den Stränden der deutschen Nordseeinseln, weiß gefiedert die Altvögel, braungesprenkelt, ähnlich jungen Silbermöwen, die Jungen. Wenn es sich um gesunde Tiere handelt, fliegen sie bald wieder gegen Wind und Wetter nach Schottland oder Norwegen zurück, vor dem Start eine Stranddüne erklimmend, damit sie genügend Luft unter ihren großen Körper bekommen.

Am winterlichen Strande stößt der erstaunte Wanderer aber auch auf Singvögel, die im Flutsaum nach angespülten Sämereien suchen. Dazu gehören die Ohrenlerche, die Spornammer und die Schneeammer, letztere mit trillerndem »brrü« auffliegend und an den weißen, schwarzspitzigen Flügeln zu erkennen. Singvögel halten sich ebenfalls auf den Deichvorländern und Hellern auf. Gleich einer braunen, zusammengeballten »Wolke« steigen hier mit vielstimmigem »gjägjä« hunderte von Berghänflingen hoch und fallen nach einigem Umherschwenken wieder ein, um Quellersamen zu äsen.

Die Nord- und Ostfriesischen Inseln sind an Greifvögeln arm. Sperber, Baumfalke oder Habicht halten sich während der Zugzeit nur vereinzelt und kurzfristig, ihrer Beute, den Singvögeln folgend, im Gebüsch der größeren Inseln auf. Doch einige Greife finden in den winterlich einsamen Dünen und Heideflächen eine ähnliche Landschaft wie ihre nordische Brutheimat vor. Der turmfalkenähnliche Merlin und der Rauhfußbussard stellen sich als Wintergäste auf den Nordseeinseln ein, vor allem aber die Kornweihe. Zügigen Fluges oder mit v-förmig gehaltenen Schwingen, von weitem schon erkennbar an dem weißen Streifen am Schwanzansatz, streicht diese Weihe über das Gelände hin und stößt nach Kleinvögeln oder Mäusen. Auf Amrum halten sich im Winter bis zu 10 dieser seltenen Weihen auf, doch sind sie als Wintergäste auch auf anderen Düneninseln der Nordsee bekannt. Eine Schnee-Eule wurde von 1964–69 zwischen Dezember und März auf Amrum registriert.

Sterntaucher

Baßtölpel

Vogelmord – Vogelschutz

Im Rahmen einer intakten Umwelt wurde das Dasein der See- und Strandvögel in früheren Jahrhunderten nie in Frage gestellt. Sowohl hinsichtlich der Zahlen als auch der Arten blieb das Gleichgewicht der Vogelwelt an der Küste gewahrt.

Natur- oder Vogelschutz waren zwar noch unbekannte Begriffe, und die Insulaner sammelten alljährlich zu hunderttausenden die Gelege dieser Vögel, die im Ernährungshaushalt eine beachtliche Rolle spielten. Aber es wurde andererseits, wenn auch aus eigennützigen Motiven, darauf geachtet, daß von einem gewissen Termin an den Vögeln die Nachgelege zum Ausbrüten und zur Bewahrung ihrer Art verblieben. Bereits angebrütet gefundene Gelege wurden, nachdem ein Ei aufgeschlagen oder im Wasser zwecks Feststellung des Bebrütungsgrades gemessen war, durch allgemein bekannte und geachtete Regeln (Knoten im Gras oder Strandhafer, Steinringe oder Holzpflökke) markiert und von nachfolgenden Eiersammlern unberührt gelassen.

Dieses Gleichgewicht wurde jedoch gegen Ende des 19. Jahrhunderts gestört. Einmal mehr trat die Bekleidungsmode, die schon die Ausrottung mancher Tierart auf dem Gewissen hat, auf den Plan und kreierte Damenhüte mit Möwen- und Seeschwalbenflügeln. Die Folge war ein Massenmord an diesen Vögeln, die zu hunderttausenden auf ihren Brutplätzen gefangen oder abgeschossen wurden. See- und Strandvögel aller Arten wurden aber auch aus bloßer Schießlust von Kurgästen dezimiert, die ohne Beschränkungen von den Seebädern aus, Vögel als lebende Zielscheibe benutzten. Erst nach der Jahrhundertwende wurde diesem Unfug durch entsprechende Schutzverordnungen ein Ende gemacht.

Weniger den Strand- und Watvögeln, als den eigentlichen See- und Wasservögeln, wie Tauchern, Alken und Enten, erwuchs in den letzten Jahrzehnten eine furchtbare Gefahr: die »Ölpest«! Immer wieder machten und machen Schlagzeilen die Öffentlichkeit auf Tragödien der Wasservögel aufmerksam. Und wenn durch Fahrlässigkeit, Bequemlichkeit oder weil es am billigsten ist, Altöl aus den Schiffen in das Meer entlassen wird, oder gar Öl infolge einer Schiffshavarie ausläuft, bedeutet dies den Tod von tausenden von Wasservögeln. Als z. B. im Januar 1955 der dänische Tanker »GERD MAERSK« am

Scharhörnriff auf Grund lief und 8 000 Tonnen Öl über Bord pumpte, um wieder flott zu werden, starben in dem 1 600 qkm großen Ölteppich auf der Nordsee etwa eine halbe Million Taucher, Enten und Lummen. Noch verhängnisvoller war die Strandung des Tankers »TORRY CANYON« an der englischen Südküste – Katastrophen, die sich fast alljährlich irgendwo auf den Weltmeeren ereignen und angesichts der Großtanker immer gefährlichere Dimensionen annehmen.

Öl beruhigt bekanntlich das Wasser, deshalb ziehen Ölteppiche Wasservögel geradezu an. Einmal mit Öl in Berührung gekommen, sind die Vögel verloren. Ihr Gefieder verklebt und verliert die lebensnotwendige Isolierung gegen Kälte und Nässe. Bei den verzweifelten Versuchen, sich zu putzen, gerät außerdem Öl in die Eingeweide der Vögel.

Erst 1954 schlossen sich 32 Staaten mit 95 % der Welthandelstonnage in der Londoner Konvention zusammen, um Maßnahmen gegen die Ölpest zu erlassen. In einer weiteren Konferenz im Jahre 1962 wurde die Verbotszone zum Ablassen von Schweröl auf 100 Seemeilen erweitert, das Ablassen von Öl in der Nord- und Ostsee völlig verboten. In allen größeren Häfen wurden Anlagen zur Aufnahme von verbrauchtem Öl eingerichtet. Dennoch kommt es immer noch vor, daß Schiffe draußen auf See Öl ablassen, weil dies die billigste Methode ist.

Rückblickend muß allerdings die Feststellung getroffen werden, daß vor allem durch den Verbrauch der Naturlandschaften für Bebauungszwecke, Campingplätze, Verkehrsanlagen, sowie die von den Badeorten ausgehende Unruhe mancherorts die See- und Strandvögel ganz oder fast völlig verdrängt wurden. Dies ist vor allem auf Sylt der Fall, eine Insel, die noch um die Jahrhundertwende wegen ihres Reichtumes an Silbermöwen und Seeschwalben, darunter die seltenen Rosen- und Raubseeschwalben, bekannt war. Heute sind die Schutzgebiete Uthörn und Rantum-Becken die letzten Rückzugsgebiete der Sylter Vogelwelt.

Aber auch auf anderen Nordseeinseln sind die See- und Strandvögel gebietsweise verschwunden oder auf Restbestände zusammengedrängt. Umso bedeutender ist deshalb die Rolle der Vogelschutzgebiete auf den Nordseeinseln.

Bereits vor der Jahrhundertwende wurden die heraufziehenden Gefahren von einigen wenigen Männern erkannt und erste Initiativen ergriffen, um die Vogelwelt insgesamt unter gesetzlichen Schutz zu stellen und Reservate (Vogelfreistätten) zu begründen. Otto Leege, Lehrer auf Juist, Heinrich Schütte, Rektor in Oldenburg und Dr. Franz Dietrich, Studienrat in Hamburg, waren die Männer der ersten Stunde.

Otto Leege betrat im Jahre 1888 zum ersten Male den aufwachsenden Memmert-Sand und erkannte die Möglichkeit, hier ein Reservat für See- und Strandvögel einzurichten. Durch seine jahrzehntelange, unermüdliche Tätigkeit, Anpflanzungen und Dünenbau, wurde der Grundstein der heutigen Insel gelegt, die ab 1907 mit einem Vogelwart während der Brutzeit besetzt werden konnte.

1921 setzte Otto Leege jun. die Arbeit seines Vaters fort und siedelte sich fest auf der Insel an.

Ähnlich wie Leege, entdeckte im Jahre 1904 der Rektor Heinrich Schütte die junge Bildung der Sandinsel Mellum und bemühte sich um den Schutz dieses kleinen, bald von Seevögeln besiedelten Eilandes. 1925 wurde der »Mellumrat« gegründet, der sich die Betreuung von Mellum und anderer Vogelreservate zur Aufgabe machte.

Im Raum der Nordfriesischen Inseln stand Dr. Franz Dietrich am Anfang der Schutzbemühungen. Mit Hilfe von Gleichgesinnten entstand im Jahre 1907 der »Verein Jordsand« (genannt nach der vogelreichen, heute dänischen Hallig Jordsand im Watt nahe Sylt), der zunächst Jordsand in seine Obhut nahm und im Jahre 1909 die Hallig Norderoog käuflich erwarb. 12 000 Goldmark wurden damals von einer kleinen Schar von Idealisten zusammengebracht, um die Hallig zu kaufen und damit eine Pioniertat auf dem Felde des Seevogelschutzes zu leisten.

Die Arbeit dieser Männer ist ausgebaut und bis in die Gegenwart hinein weitergeführt worden. Ein Kranz von Vogelschutzgebieten liegt heute an der Küste und auf den Inseln der Nordsee, betreut vom »Verein Jordsand«, vom »Bund für Vogelschutz« (1899 von Lina Hähnle, Stuttgart, gegründet), vom »Mellumrat«, der »Schutz- und Forschungsgemeinschaft Knechtsand«, dem »Bauamt für Küstenschutz«, der »Wissensch. Arbeitsgemeinschaft für Natur- und Umweltschutz« und anderen privaten oder staatlichen Organen. Weitere Vereine, so die »Schutzstation Wattenmeer«, bemühen sich, mit Informationszentren auf Inseln und Halligen für die Idee des Naturschutzes zu werben und Aufklärung über naturgerechtes Verhalten zu leisten.

Reservate und Rastgebiete

Auf der nachstehenden Karte (Seite 112/113) wird die Nordseeküste mit den Inseln und Halligen sowie den bei Ebbe trocken fallenden Wattenflächen gezeigt. Die gegenwärtigen Vogelschutzgebiete sind hier in numerierter Folge aufgeführt und zeigen eine geschlossene Kette von Freistätten zwischen Sylt und Borkum. Fast alle genannten Gebiete werden während der Brutzeit von Vogelwärtern bewacht, die überwiegend ehrenamtlich oder gegen ein geringes Tagegeld tätig sind und auf abgelegenen Inseln in einfachen Unterkünften ein robinsonartiges Leben führen. In Vogelschutzgebieten, die in der Nähe der Badeorte liegen, werden Führungen veranstaltet, um naturinteressierten Kurgästen Einblicke in das Leben und Treiben einer Seevogelkolonie zu vermitteln. Daneben gibt es noch eine Reihe von Naturschutzgebieten, die weniger dem Vogelschutz als der Bewahrung urtümlicher Landschaften dienen. Auch das gesamte Nordfriesische Wattenmeer sowie das Watt um den Knechtsand und im Jadebusen sind unter Naturschutz gestellt. Für das Nordfriesische Wattenmeer ist immer noch die Erklärung zum »Nationalpark« in Diskussion.

See- und Strandvögel brüten, lokal in beachtlicher Zahl, auch außerhalb der Reservate in geeigneten Insel- und Küstenlandschaften. Im einzelnen weisen Inseln, Halligen und Küste hinsichtlich ihrer Vogelwelt folgende Merkmale auf:

Sylt: Auf der etwa 93 qkm großen Insel sind die Dünen des Listlandes und Hörnums sowie die Vogelkoje von Kampen und das Morsum-Kliff als Naturschutzgebiete ausgewiesen. In zwei Vogelschutzreservaten, Uthörn (1) und Rantum-Becken (2) finden wir die Reste der einst überreichen Sylter See- und Strandvogelwelt. Auf der Sandinsel Uthörn brüten Austernfischer, Seeschwalben, Sand- und Seeregenpfeifer, im Rantum-Becken neben Säbelschnäblern und anderen Watvögeln vor allem Lachmöwen, ferner Seeschwalben, darunter gelegentlich die seltene Lachseeschwalbe. Bedingt durch den Binnenseecharakter sind auch sonstige Wasservögel, Enten, Schwäne, Rallen, Rohrdommeln und Weihen vertreten.

In der übrigen Insellandschaft, die einem intensiven Druck des Fremdenverkehrs ausgesetzt ist, sind See- und Strandvögel nur noch in geringer Zahl zu finden. Einige Arten, z. B. Silbermöwe, sind als Brutvögel von Sylt verschwunden.

Amrum (3): Die 20 qkm große Insel, wie Sylt und Föhr im Kern aus saaleeiszeitlicher Geest bestehend, ist zur Hälfte von Dünen bedeckt. Die Heide in der Inselmitte ist mit 270 ha Wald aufgeforstet. Vor der Westküste liegt der kilometerbreite Kniepsand. Die Nordspitze ist seit 1937 Natur- und Vogelschutzgebiet. Hier brüten Silbermöwen, Herings- und Sturmmöwen, Brandgänse, Eiderenten, Mittelsäger, Austernfischer und Seeschwalben.

Die Dünen der westlichen Inselhälfte wurden 1971 unter Naturschutz gestellt. Auch hier im unbewachten Gelände brüten zahlreiche See- und Strandvögel, vor allem Silber-, Herings- und Sturmmöwen und Eiderenten, vereinzelt auch der Große Brachvogel.

Föhr: Auf der 82 qkm großen Insel gibt es keine Schutzgebiete, doch sind in der Marsch sowie auf dem Deichvorland alle üblichen Watvögel, vor allem Kiebitz, Austernfischer, Rotschenkel und Uferschnepfe vertreten, ferner einige Lachmöwenkolonien. Teiche und Gräben bieten auch Enten und Rallen Lebensraum, doch hat die Marschentwässerung nach 1960 manche Arten verdrängt.

Hauke-Haien-Koog (4): Durch die Eindeichung des Kooges im Jahre 1959 entstanden drei Speicherbecken, deren lagunenartiger Charakter zahlreichen See- und Strandvögeln, vor allem dem Säbelschnäbler, einen geeigneten Lebensraum bot. Mit zunehmender Vegetation hat sich das Bild der Vogelwelt allmählich gewandelt. Säbler und sonstige Watvögel sind noch vertreten, aber Lachmöwen, Bleßrallen, Höckerschwäne und andere Gewässervögel dominieren heute. 1974 wurden Graugänse eingebürgert.

Die Speicherbecken gehören zu den bedeutendsten Rastplätzen durchziehender Wat- und Wasservögel.

Hamburger Hallig (5): Ursprünglich war diese mit dem Festland verbundene Hallig, seit 1930 Naturschutzgebiet, ein bedeutender Brutplatz des Säbelschnäblers. Letzterer hat inzwischen geeignetere Brutplätze gefunden, ist aber immer noch, zusammen mit Austernfischern, Rotschenkeln, Regenpfeifern und Kiebitzen vertreten. Neben Seeschwalben haben sich auch Lachmöwen und neuerdings Silbermöwen angesiedelt. Die Hamburger Hallig ist ein wichtiger Rastplatz der Weißwangengans.

Die »Pfahlhütten« des Vogelwartes auf Norderoog

Norderoog (6): Die heute nur noch 8 ha große Hallig ist wohl eines der bekanntesten Vogelschutzgebiete der Nordseeküste. Rund 3000 Paare verschiedener See- und Strandvögel brüten hier. Die unstete Brandseeschwalbe hat hier seit Jahrhunderten ihren festen, oft einzigen Brutplatz an der deutschen Küste gehabt. Sehr stark vertreten sind auch Küstenseeschwalben und Austernfischer, und zahlreiche Lachmöwen und Silbermöwen versuchen, der »Bestandslenkung« zum Trotz, einen Brutplatz auf Norderoog zu behaupten.

Die seit der Sturmflut von 1825 unbewohnte Hallig wurde im Jahre 1909 vom »Verein Jordsand« gekauft und mit einem Vogelwart, dem bekannten Jens Wand besetzt. Jens Wand ertrank 1950 im Watt zwischen Hooge und Norderoog. Mit Eigeninitiative und beschränkten Vereinsmitteln versucht der »Verein Jordsand« die Hallig zu schützen. Der staatliche Küstenschutz setzt hier keine Mittel ein, weil auf Norderoog kein Haus oder Nutzland, sondern »nur« Vögel gefährdet sind.

Süderoog (7): Die 60 ha große Hallig wurde 1971 vom Staat gekauft und unter Naturschutz gestellt. Trotz landwirtschaftlicher Nutzung weist Süderoog einen beachtlichen Bestand an Brutvögeln auf, u. a. bis 400 Paare Austernfischer, 350 Paare der Fluß- und Küstenseeschwalbe und neuerdings (1974 und 1975) etwa 350 Paare der Brandseeschwalbe. Nicht weniger zahlreich sind mit je 300 Paaren Silberund Lachmöwen, deren Gelege jedoch abgesammelt werden. Ein Teil des Halliglandes ist eingezäunt, damit das Vieh keine Gelege zertritt. Im Frühjahr und Herbst ist Süderoog ein bedeutender Rastplatz für Ringelgänse.

Südfall (8): Die 45 ha große Hallig ist seit 1954 Staatsbesitz und wird nur noch als Schafweide genutzt, jedoch in einer Form, die den zahlreichen See- und Strandvögeln, vor allem Austernfischern, Küstenseeschwalben und Silbermöwen störungsfreie Brutplätze läßt. Auf einer sandigen Muschelbank am Ostufer befindet sich eine kleine Zwergseeschwalben-Kolonie.

Wie auf der Hamburger Hallig und auf Süderoog, so steht auch hier im einzigen Hallighaus dem Vogelwart während der Brutzeit ein Raum zur Verfügung.

Die übrigen Halligen *Hooge, Langeness, Oland, Gröde, Habel* (unbewohnt) und *Nordstrandisch-Moor* werden durch Viehzucht intensiv genutzt, doch sind auf allen Halligen die üblichen See- und Strandvögel vertreten. Die Hallig Habel wird seit 1980 vom Verein Jordsand betreut. Der Vogelwart wohnt in dem einzigen Hallighaus.

Pellworm und *Nordstrand* sind eingedeichte Marschinseln von etwa 36 bzw. 46 qkm Größe. Landschaftsbedingt sind hier vor allem Watund Wasservögel, aber auch Seeschwalben und Lachmöwen zu finden. Besonders interessant sind die »Pütten« am Westdeich von Pellworm, wo vereinzelt Säbelschnäbler und Trauerseeschwalben vorkommen. Das umfangreiche Vorland beiderseits des Nordstrander Dammes ist Rastplatz zahlreicher Wildgänse.

Spätinge-Adolfskoog (9): Wenige Kilometer südwestlich von Husum liegen unmittelbar hinter dem Deich die vegetationsreichen Gewässer dieses Vogelreservates. Watvögel, Lachmöwen, Rallen und Enten, gelegentlich auch Trauerseeschwalben, brüten hier.

Schutzgebiete:	Betreuer:
1. Uthörn (Sylt)	Bund f. Vogelschutz
2. Rantum-Becken (Sylt)	Verein Jordsand
3. Amrum-Odde	Verein Jordsand
4. Amrumer Dünen	Öömrang Ferian
5. Hauke-Haien-Koog	Verein Jordsand
6. Hallig Habel	Verein Jordsand
7. Hamburger Hallig	Bund f. Vogelschutz
8. Hallig Norderoog	Verein Jordsand
9. Nordstrander Koog	
10. Hallig Südfall	Verein Jordsand
11. Hallig Süderoog	Verein Jordsand/BfV
12. Späthinge Adolfskoog	Bund f. Vogelschutz
13. Grüne Insel (Katinger Watt)	Bund f. Vogelschutz
14. Schülper Neuensiel	Bund f. Vogelschutz
15. Helgoland-Westklippe	Vogelwarte Helgoland/V. J.
16. Trischen	Bund f. Vogelschutz
17. Hullen	Verein Jordsand
18. Scharhörn	Verein Jordsand
19. Knechtsand	Schutzgemeinschaft
20. Wangersiel	Wissensch. AG f. Naturschutz
21. Mellum	Mellumrat Oldenburg
22. Minsener Oldeoog	Mellumrat Oldenburg
23. Wangerooge	Mellumrat Oldenburg
24. Spiekeroog	Bauamt f. Küstenschutz
25. Langeoog	Bauamt f. Küstenschutz
26. Baltrum	Bauamt f. Küstenschutz
27. Norderney	Bauamt f. Küstenschutz
28. Juist	Bauamt f. Küstenschutz
29. Memmert	Bauamt f. Küstenschutz
30. Lütje Hörn	Bauamt f. Küstenschutz
31. Borkum	Bauamt f. Küstenschutz
32. Leybucht	Bauamt f. Küstenschutz

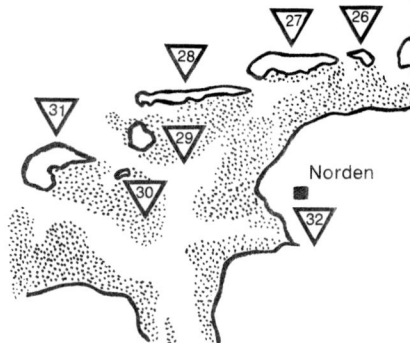

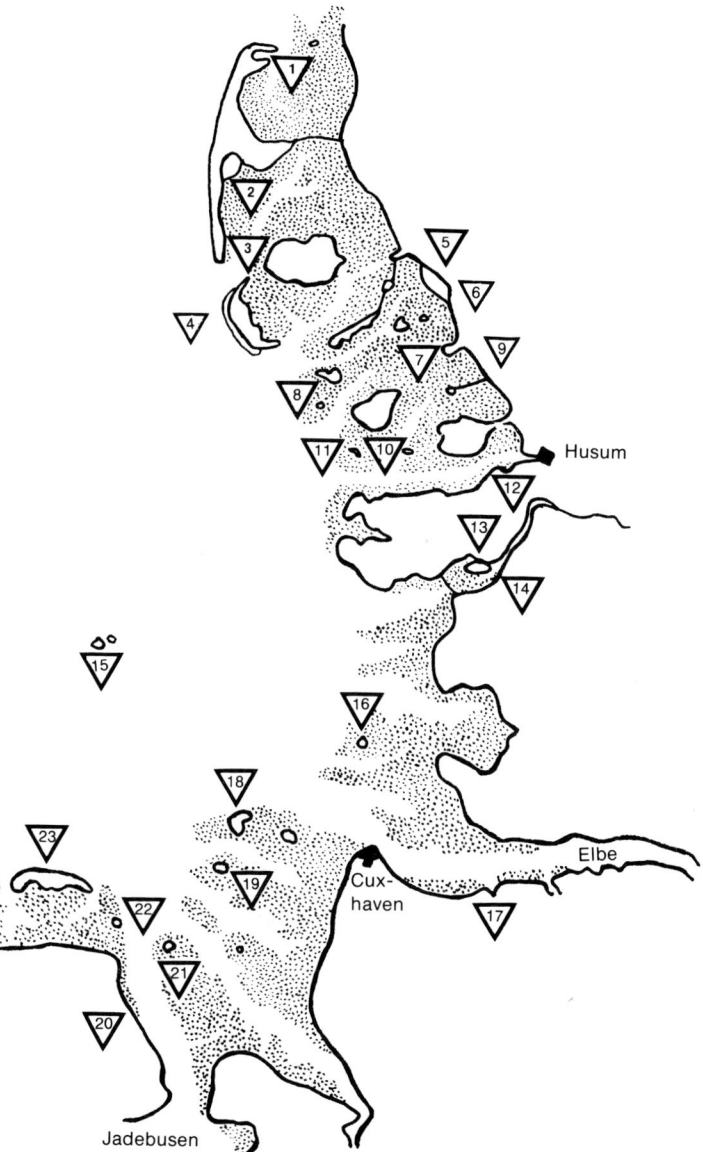

Husum

Elbe

Cux-
haven

Jadebusen

113

Grüne Insel (10): Die Grüne Insel ist ein Teil des in Zusammenhang mit dem Eidersperrwerk inzwischen bedeichten Katinger Vorlandes. Neben rund 350 Säbelschnäblern brüten hier zahlreiche Austernfischer, Kiebitze, Regenpfeifer, Rotschenkel, Kampfläufer usw. Daneben wurden rund tausend Paare der Lachmöwe und einige Seeschwalben gezählt. Von besonderer Bedeutung wurde die Grüne Insel, weil hier in den letzten Jahren mehrfach die seltene Lachseeschwalbe mit bis zu 40 Brutpaaren erschien. Auch als Rastgebiet für die Weißwangengans ist die Grüne Insel bekannt. Die Zukunft dieses Reservates ohne Schutzstatus wird jedoch durch »Kultivierungspläne« des Katinger Vorlandes sehr in Frage gestellt.

Schülper Neuensiel (11): Auf der dithmarscher Seite der Eidermündung ist in einer Niederung ein weiteres Naturschutzgebiet mit Vogelfreistätte von 19 ha Größe entstanden. Neben anderen See- und Strandvögeln hat hier der Säbelschnäbler eine zusätzliche Brutheimat gefunden.

Trischen (12): Erst in der Mitte des 19. Jahrhunderts wuchs Trischen zu einer Düneninsel auf, an deren Leeseite sich anschließend eine so große Marschenfläche bildete, daß diese bedeicht und von 1925 bis 1942 mit einem Bauernhof besiedelt werden konnte. Sturmfluten und Versandung sowie die unaufhaltsame Ostwanderung der Insel zerstörten aber das Menschenwerk.

Heute ist die 230 ha große Insel Naturschutzgebiet mit einem eindrucksvollen Bestand an See- und Strandvögeln. Mit bis zu 3000 Paaren hat die Brandseeschwalbe hier ihren gegenwärtig bedeutendsten Brutplatz an der deutschen Nordseeküste. Küsten- und Flußseeschwalben sind mit 1000 Paaren, Austernfischer mit 300 Paaren vertreten. Neben der Lachmöwe und neuerdings der Heringsmöwe ist aber auch die Silbermöwe mit rund 1500 Paaren auf Trischen zu finden, so daß auch hier eine »Bestandslenkung« notwendig ist.

Helgoland (13): Die bekannte Buntsandsteininsel ist der einzige Vogelberg der deutschen Nordsee. Tausende von Lummen, Dreizehenmöwen, neuerdings auch Eissturmvögel und Silbermöwen, brüten auf den Felsbändern der Westklippe nahe der »Langen Anna«. Ansonsten ist die stark besiedelte Insel an anderen See- und Strandvögeln ausgesprochen arm. Umso größer ist die Bedeutung Heloglands für die Beobachtung und Erforschung des Vogelzuges, der sich hinsichtlich der Artenvielfalt gerade hier konzentriert. Die Station der Vogelwarte befindet sich auf dem Oberland; (s. Seite 121).

Neuwerk: Die knapp 3 qkm große Insel vor der Elbemündung ist zur Hälfte eingedeicht und besteht zur anderen Hälfte aus Vorland. Nahezu alle üblichen Watvögel, einige Seeschwalben- und Möwenarten treten hier als Brutvögel auf, wobei der Austernfischer einmal mehr am häufigsten vorkommt.

Hullen (14): Die knapp 500 ha große Außendeichfläche, am Ausfluß der Oste in die Elbe gelegen, wurde 1970 zum Naturschutzgebiet erklärt und vom »Verein Jordsand« zur Betreuung übernommen. Von den hier brütenden Watvögeln ist der Austernfischer am häufigsten. Auch Kiebitz, Uferschnepfe, Rotschenkel und Säbelschnäbler sind regelmäßig vertreten. An Wildenten wurden 6 – 8 Arten und Flußseeschwalben mit bis zu 240 Paare (1984) festgestellt. Einmal mehr dominieren auch im Hullen die Lachmöwen mit bis zu 2000 und mehr Brutpaaren, so daß eine gezielte »Bestandslenkung« notwendig ist. Ungestört bleibt hingegen eine kleine Sturmmöwenkolonie, während Ansiedlungsversuche von Silbermöwen vereitelt wurden.

Erwähnenswert sind noch die nahe bei Hamburg liegenden Elbinseln *Pagensand* und *Lühesand,* auf denen auch die See- und Strandvögel der Nordseeküste in fast allen Arten und teilweise in beachtlicher Zahl vorkommen.

Scharhörn (15): Erst um 1900 wuchs auf einer Sandbank vor der Elbemündung mit flachen Dünen die heutige Insel auf. Sie wurde 1939 unter Naturschutz gestellt. Scharhörn ist die Insel der Fluß- und Küstenseeschwalben (zus. fast 2500 Brutpaare). Auch die Brandseeschwalbe brütet hier oft in beachtlicher Zahl, 1984 beispielsweise mit über 2000 Paaren. Aber auch Lachmöwen und Silbermöwen treten zunehmend in Erscheinung. Stockenten, Brandgänse, Austernfischer, Sand- und Seeregenpfeifer und Rotschenkel runden das Bild der Brutvögel ab. Neuerdings wird auch die Heringsmöwe registriert.

Fraglich ist aber, ob Scharhörn in seiner natürlichen Form bewahrt bleibt, oder einem geplanten Großhafen mit Industrieanlagen weichen muß.

Knechtsand (16): Wie Scharhörn ist auch der benachbarte Knechtsand eine dem Meere entwachsene Sandbank, auf der sich erst in jüngster Zeit durch Anpflanzungen Primärdünen gebildet haben. Zu den Brutvögeln gehören neben Austernfischern und Regenpfeifern vor allem Seeschwalben. Die Brandseeschwalbe hat hier in manchen Jahren mit über 2 000 Paaren gebrütet, ist verschwunden und wieder zurückgekehrt. Bemerkenswert ist auch die Brut einiger Brandgänse im Wrack eines gestrandeten Kümos.

Im Spätsommer versammeln sich im Wattenraum um den Knechtsand bis zu 100 000 Brandgänse, aus allen westeuropäischen Küstenländern zur Mauser. Aufsehen und Empörung regten sich deshalb, als der Knechtsand zwischen 1952–58 als Bombenübungsplatz der britischen Luftwaffe diente und tausende von mausernden Brandgänsen getötet oder vertrieben wurden. 1957 wurde diese Sandbank mit der umliegenden Wattenfläche, insgesamt rund 325 qkm, unter Naturschutz gestellt.

Wangersiel (17): Zusammen mit den Vogelreservaten Nordendergroden, Petersgroden am Jadebusen und Wangerland an der Jadeküste, gehört Wangersiel zu den vier Gebieten, die von der »Wissenschaftlichen Arbeitsgemeinschaft für Natur- und Umweltschutz« an der ostfriesischen Küste betreut werden. Es handelt sich um Niederungen mit Wat- und Wasservögeln.

Mellum (18): Dünenaufwehungen im Westen, Schlickablagerung und Wattwiesenbildung im Osten, ließen eben nach 1900 auf einer großen Sandplatte die heutige Insel entstehen. Bald siedelten sich Seeschwalben, Austernfischer und Regenpfeifer, später auch Silbermöwen an, und ab 1912 wurde Mellum durch die Initiative von Rektor Schütte mit einem Vogelwart besetzt. Aber im Laufe des 2. Weltkrieges wurden die Vögel von Militäranlagen vertrieben. Deichbauten und Aufspülung veränderten das Inselbild.

Erst 1948 – die Kriegsanlagen waren inzwischen gesprengt – kam der Vogelschutz wieder zu seinem Recht. Aber Mellum entwickelte sich zu einer »Möweninsel«. Rund 5 000 Paare der Silbermöwen erfüllen das kleine Eiland mit unbeschreiblichem Leben. Neben Heringsmöwen (15 BP.) und Sturmmöwen behaupten sich noch Austernfischer, Rotschenkel, einige Regenpfeifer und Seeschwalben, ferner Brandgänse, Stockenten und neuerdings Eiderenten.

Minsener Oldeoog (19): Auch dieses nur wenige ha große Eiland ist erst in jüngster Zeit auf einer Wattenfläche der Außenjade aufgewachsen. Reste militärischer Anlagen zeugen auch hier von entsprechender Verwendung während des 2. Weltkrieges.

Ist Mellum eine Insel der Möwen, so bestimmen auf Oldeoog die Seeschwalben das Bild der Vogelwelt. Die Brandseeschwalbe brütete hier 1975 mit fast 1 500, die Flußseeschwalbe mit 700 Paaren. Auch Küstenseeschwalben, Austernfischer und Regenpfeifer fehlen nicht. Neben einigen Brandgänsen wurde auch die Einzelbrut einer Eiderente festgestellt.

Wangerooge (20): Im Schutze eines breiten Dünengürtels im Westen und Norden und bis zum Oststeert auslaufend, liegen ausgedehnte Groden und Heller. Westinnen- und Westaußengroden sowie der Ostaußengroden sind bewachte Natur- und Vogelschutzgebiete. Naturschutzgebiete sind auch das Sanddorntal und der Oststeert. Austernfischer, Kiebitz und Rotschenkel gehören zu den häufigsten Watvögeln. Von den Seeschwalben ist die Flußseeschwalbe, von den Möwen die erst um 1950 eingewanderte Lachmöwe mit fast 1 000 Paaren am stärksten vertreten. Die Entwicklung von Silbermöwen-Kolonien wird durch das Absammeln der Gelege verhindert.

Spiekeroog (21): Dünen auf der Nordhälfte, Wattwiesen (Heller) auf der Südhälfte und die fast 12 qkm große Ostplate prägen die Landschaft der insgesamt etwa 26 qkm großen Insel. Die Ostplate ist seit 1970 Naturschutzgebiet, ein Vogelreservat befindet sich auf dem Westheller. Die Watvögel sind vor allem durch Austernfischer und Rotschenkel, ferner Regenpfeifer und dem Großen Brachvogel vertreten. Wie auf allen Ostfriesischen Inseln dominiert auch hier die Flußseeschwalbe über die Küstenseeschwalbe. Erst seit 1965 ist die Lachmöwe als Brutvogel (1984: 1590 BP.) festgestellt. Noch häufiger aber ist die Silbermöwe mit über 4 000 Brutpaaren. Brandgänse nisten mangels Kaninchenhöhlen im Sanddorngestrüpp.

Langeoog (22): Die halbmondförmige, im Norden aus Dünen, im Süden aus Groden und Hellern bestehende, knapp 20 ha große Insel hat in der Inselmitte das Naturschutzgebiet Meede sowie die sogenannte »Vogelkolonie« mit fast 6 000 Paaren der Silbermöwe. Trotz der vielen Silbermöwen fehlt es an anderen See- und Strandvögeln nicht. An

Heringsmöwen wurden 1984 8, an Lach- und Sturmmöwen etwa 60 bzw. 86 gezählt. Häufig ist auch der Austernfischer mit 1 350 Brutpaaren. Auch Säbelschnäbler, Großer Brachvogel, Uferschnepfe und Rotschenkel sind vertreten. Im NSG »Flinthörn« auf dem Südwestzipfel der Insel haben Sand- und Seeregenpfeifer sowie Zwergseeschwalben einen von Möwen unbeeinträchtigten Brutplatz.

Baltrum (23): Auf dieser kleinsten der besiedelten Ostfriesischen Inseln steht ein Teil der Dünen unter Naturschutz. Von den auf Baltrum brütenden See- und Strandvögeln sind Lachmöwe (7 000 BP.) und Silbermöwe (600 BP.) am häufigsten. Auch Austernfischer, Kiebitz, Rotschenkel sowie Brandgänse und einige Seeschwalben können sich auf der fremdenverkehrsintensiven Insel behaupten.

Norderney (24): Die fast 14 km lange, aber nur knapp 2 km breite Insel weist dank ihrer vielfältigen Landschaften, den Dünen, Muschelsandbänken, Groden und Hellern eine umfangreiche Vogelwelt mit einigen seltenen Arten auf. Der Südstrandpolder, eine ursprünglich für militärische Zwecke eingedeichte und teilweise aufgespülte Wattenfläche, ist Natur- und Vogelschutzgebiet. Hier brüten zahlreiche Wat- und Wasservögel. Aber auch in der übrigen Insellandschaft sind See- und Strandvögel zu finden, wobei der Austernfischer einmal mehr am häufigsten ist. Sturmflutsicher brüten in der »Grohde« Rotschenkel, Kiebitz, Uferschnepfe, Säbelschnäbler und Kampfläufer. In den Dünen flötet der Große Brachvogel. Brandgänse finden in Wildkaninchenhöhlen Niststätten. Silbermöwen sind 1984 mit 350, Sturmmöwen mit 100, Lachmöwen mit 300 und Heringsmöwen mit 8 Brutpaaren notiert.

Juist (25): Auf der schmalen, 15 km langen, doch nur etwa 0,7 km breiten Insel steht nahezu der gesamte Westteil »Bill« mit dem Hammersee unter Naturschutz. Häufiger Brutvogel ist der Austernfischer mit über 300 Paaren. Aber noch stärker, nämlich mit 1 500 bzw. 2 500 Paaren haben sich Lach- und Silbermöwe vermehrt. Küsten-, Fluß- und Zwergseeschwalben sind nur noch mit insgesamt 50 BP. notiert, Brandgänse mit rund 200 Paaren (1984).

Memmert (26): Auf dem riesigen, rund 11 qkm großen Memmertsand wuchs erst um die Jahrhunderwende eine Insel auf. Durch das unermüdliche Pflanzen von Strandhafer und Buschzäunen durch Otto Leeges bildeten sich Dünen, und an deren Leeseite Hellerwiesen. Gegenwärtig ist die eigentliche Insel etwa 120 ha groß. Wie alle Inseln dieser Art wandert auch Memmert langsam nach Osten. Otto Leeges Pionierwerk wurde von seinem Sohn weitergeführt, der sich 1921 einen festen Wohnsitz auf dieser jungen Insel errichtete. Nach mehrfachem Abbruch entstand 1971 durch das Bauamt für Küstenschutz ein Neubau, wo der »Inselvogt«, zuständig für den Inselschutz und die Betreuung der Vogelwelt, wohnt. Mit etwa 14 500 Paaren der Silbermöwe und über 1 000 Paaren der Heringsmöwe ist Memmert eine ausgesprochene Möweninsel. Daneben können sich, abgesehen vom Austernfischer und den, in Wildkaninchenhöhlen brütenden Brandgänsen, nur wenige andere See- und Strandvögel behaupten.

Lütje Hörn (26): Westlich von Memmert liegt diese knapp einen Quadratkilometer große Sandinsel mit flachen Dünen. Auch hier bestimmen Silbermöwen mit über 1 500 Brutpaaren eindeutig das Bild der Vogelwelt. Andere See- und Strandvögel sind nur in geringer Zahl oder gar nicht vertreten.

Borkum (28): Wie alle Ostfriesischen Inseln besteht auch die westlichste, Borkum, auf der Nordseite aus Dünen, auf der Südseite aus eingedeichten Groden oder uneingedeichten Wattwiesen, den Hellern. Unter Naturschutz stehen auf dieser 32 qkm großen Insel das dünenumsäumte Waldgebiet »Greune Stee« und ein reizvolles Dünengelände unter Einschluß des sog. Muschelfeldes und der »Waterdelle«. Auch auf Borkum ist die Lachmöwe mit über 800 Paaren ein häufiger Brutvogel. Andere Möwen kommen in geringer Zahl vor. Sehr gut sind Watvögel, Austernfischer (300 BP.), Rotschenkel, Gr. Brachvogel, Säbelschnäbler usw. vertreten. Rund 180 Brandgänse brüten in Kaninchenhöhlen und Bunkerruinen. Seltener sind Seeschwalben.

Leybucht (29): Das Grünland an der Leybucht bei Norden ist eines der bedeutendsten Reservate des Säbelschnäblers und anderer Watvögel, sowie ein vielbesuchter Rastplatz für Wasservögel.

Vogelschutz: Richtiges Verhalten in der Natur

Wenn an anderer Stelle der zunehmende Fremdenverkehr als Ursache für die Beunruhigung der Vögel an ihren Brutplätzen und die Vernichtung von Gelegen oder Jungvögeln genannt wurde, so ist das wesentliche Kriterium dieser Störungen nicht der Mensch an sich, sondern sein Verhalten in der Natur. Es ist deshalb dringend geboten, zum Schutze der Vögel und ihrer Brut die nachfolgenden Regeln zu beachten:

● Hunde sind an der Leine zu führen! Brütende Vögel, vor allem die empfindlichen Eiderenten, werden von herumstreunenden Hunden verscheucht, zahlreiche Jungvögel totgebissen. »Harmlose« Hunde gibt es nicht, außer an der Leine.

● Wo Altvögel aufgeregt rufen, sind Gelege oder Jungvögel. Hier sollte man sich weder zum Ruhen, Sonnenbaden oder gar Burgenbauen niederlassen, sondern baldmöglichst weitergehen, damit die Vögel zur Ruhe kommen.

● Auf den Wanderwegen bleiben! Von Mai bis Juli muß man überall mit Gelegen und Jungvögeln rechnen, die durch das Herumstreifen abseits der Wege in Gefahr geraten, von Wanderern zertreten zu werden.

● Keine Eier sammeln! Nahezu alle See- und Strandvögel, bzw. ihre Gelege, stehen unter Naturschutz. Für den Kurgast sind auch Möweneier tabu, da sie leicht mit den ähnlichen Austernfischer-, Uferschnepfen- und Brachvögeleiern zu verwechseln sind. Vorsicht! Möweneier können Paratyphus hervorrufen.

● Keine Jungvögel mitnehmen! Als Nestflüchter sind sie, im Gras oder im Sande liegend, keineswegs von den Altvögeln verlassen. Die Eltern halten sich ängstlich rufend in der Nähe auf. Nur frisch geschlüpfte Brandgänse und Eiderenten machen eine Ausnahme. Irren sie allein umher, müssen sie bei Flut zum Watt getragen werden, wo sich am Ufer Altvögel mit Jungen aufhalten. Hier ausgesetzt, werden sie ohne weiteres adoptiert.

● Entenküken verwaisen oft durch menschliche Schuld! Eiderenten oder Brandganspaare, die ihre Jungen bald nach dem Schlüpfen zum Meer führen, sollte man nicht mit dem Fotoapparat verfolgen oder neugierig in die Quere kommen. Zurücktreten und die Altvögel mit ihren Jungen ungestört ziehen lassen! Von den Jungen verscheuchte Enten und Gänse kehren sehr oft nicht wieder zurück, so daß die Kücken verwaisen und umkommen, sofern es nicht – wie erwähnt – gelingt, sie anderen Eltern anzuvertrauen.

● Bei Unwetter nicht dort am Wattufer stehen bleiben, wo sich Enten mit Jungen aufhalten. Die vor dem Menschen aufs Wasser hinausflüchtenden Jungen werden eine leichte Beute der Silbermöwen. Sie brauchen den Schutz des Landes!

● Zivilcourage zeigen! Sich nicht scheuen, Mitbürger auf evtl. Fehlverhalten aufmerksam zu machen.

Wer sich darüber hinaus für den Schutz der Vogelwelt an der Nordseeküste engagieren will, tut dies am wirkungsvollsten, wenn er einem der nachstehend genannten Vereine als Mitglied beitritt oder mit Spenden unterstützt.

»Verein Jordsand«, Hamburg 54, Behrkampsweg 26
»Bund für Vogelschutz«, Landesgruppe Schleswig-Holstein, 2211 Oelixdorf, Nöthen 1–3
»Schutzstation Wattenmeer«, 237 Rendsburg, Königsstr. 11
»Mellumrat«, 29 Oldenburg, Mars-la-Tour-Str. 9–11
(Achtung: Adressen können mit dem Vereinsvorsitzenden wechseln!)

Diese Vereine, ihre Vorstände und ehrenamtlichen Helfer, wie z. B. die Vogelwarte, wenden viel Idealismus, Zeit und Geld auf, um die Vogelwelt – auch zu Ihrer Freude – zu erhalten. Tragen Sie Ihren Teil dazu bei!

Vogelwarte Helgoland

Die Vogelwarte Helgoland ist ein staatliches Institut, das sich zunächst mit wissenschaftlichen Fragen des Vogelzuges und des Vogellebens beschäftigte und nach Kriegsende (1947) auch zur Zentralstelle für Seevogelschutz ernannt wurde.

Weitere Vogelwarten befinden sich bei Radolfzell am Bodensee (Nachfolge der Vogelwarte Rositten) und auf Hiddensee (DDR).

Die Ursprünge der Vogelwarte Helgoland gehen auf den Kunstma-

Ein Austernfischer wurde in der Nestreuse gefangen und wird beringt

Die Helgoländer Station der Vogelwarte mit dem Fanggarten

ler Heinrich Gätke zurück, der sich 1837 auf Helgoland niederließ und seine jahrzehntelangen Forschungen und Beobachtungen im Jahre 1891 unter dem Titel »Die Vogelwarte Helgoland« veröffentlichte. Die hier zusammengetragenen Daten des Vogelzuges, die Registrierung von fast 400 Vogelarten als Zug- und Irrgäste auf Helgoland sowie eine einmalige Sammlung präparierter Vögel, bildeten die Grundlage der späteren Vogelwarte. Sie wurde offiziell im Jahre 1910 in Zusammenhang mit der Erweiterung des Aufgabenbereiches der schon 1892 eingerichteten Biologischen Anstalt gegründet. Erster Leiter war Dr. Weigold. 1926, inzwischen hatte Dr. Rudolf Drost die Leitung übernommen, wurde auf dem Oberland ein eigenes Gebäude errichtet. Seit längerem befand sich hier an der »Sapskuhle« die Reusenanlage zum Fang der Zugvögel.

Wie schon im 1. Weltkrieg, so wurde auch infolge der Ereignisse im 2. Weltkrieg die Arbeit der Vogelwarte erheblich beeinträchtigt und schließlich völlig lahmgelegt. Das wertvolle Material, bombensicher in Felsstollen deponiert, wurde nach Kriegsende zum Festland transportiert und kam über Cuxhaven nach Wilhelmshaven, wo die Vogelwarte 1947 eine neue Heimat fand. Dort befindet sie sich noch heute.

Die Anlagen auf Helgoland konnten im Zuge des Wiederaufbaus nach 1953 neu errichtet werden. Gebäude und Sapskuhle mit dem Fanggarten sind heute Außenstation. Außenstationen sind auch mehrere Vogelschutzgebiete. Vogelwarte und ehrenamtliche Helfer tragen hier durch die Beringung die Mosaiksteine des Zugvogellebens zusammen. Begünstigt durch die Lage der Insel Helgoland als Rastplatz unzähliger Zugvögel bei der Überquerung der Nordsee, werden allein auf Helgoland alljährlich zwischen 10 000 und 18 000 Vögel aller Arten beringt. Anhand der Rückmeldungen von Ringvögeln aus aller Welt, vervollständigt sich allmählich das Wissen um den Vogelzug und sonstiger Fragen.

Zu den vielfältigen Aufgaben des Seevogelschutzes der seit 1958 von Dr. Friedrich Goethe geleiteten Vogelwarte, gehört auch die gezielte Bestandslenkung der Möwen.

Vogelwelt auf friesisch

Küstenbewohner und Insulaner haben seit jeher eine Beziehung zur Vogelwelt ihrer Heimat gehabt, wenn auch als Jäger oder Eiersammler nur materieller Art. Für die urtümlichen bzw. »alltäglichen« Vogelarten wurden friesische Namen benutzt, die noch heute gebräuchlich sind. Während auf den ostfriesischen Inseln kein Friesisch mehr gesprochen wird, ist es auf einigen nordfriesischen Inseln einschließlich Helgoland noch eine verbreitete Umgangssprache der einheimischen Bevölkerung. Doch werden auch hier seit etwa hundert Jahren keine oder kaum noch neue Wörter gebildet, so daß allein die Tatsache, ob es für Vögel einen friesischen Namen gibt oder nicht, eine Grenze zwischen den alten und den neu eingewanderten Vögeln zieht.

Die nachstehende Namensliste nennt die See-, Strand- und Wasservögel deutsch, nordfriesisch in Föhr-Amrumer Mundart, helgoländisch und ostfriesisch:

Deutsch:	Nordfries.	Helgoländ.Fries.	Ostfriesisch:
Stockente	Wiil-an	Gri-en (Ente) Green-hoaded-gooar (Erpel)	Graben-aant
Krickente	Uart	Krik-en	Krick
Pfeifente	Smän	Feif-en	Sment(Ente) Fleuter(Erpel)
Spießente	Gräfögel		Langhals
Eiderente	Eidergus	Hurn-snoablet-en	Eideraant
Brandgans	Bareg-an	Barger-en	Bargaant
Ringelgans	Rottgus	Radergus	Röttgoos
Austernfischer	Liew	Liiw	Liew
Kiebitz	Liap	Kiiwit	Kiewit
Sandregenpfeifer	Grank	Kiiker	Kriev
Seeregenpfeifer	Mösk	Road-hoadet-kiiker	Kriev
Gr. Brachvogel	Rintüüter	Raintüüter	Gülp
Uferschnepfe	Rütjer	Groot maarling	Brun snip
Rotschenkel	Kleer	Roadfutet djuuliut	Tüt
Alpenstrand- läufer u.ä.	Stönerk	Stenik	Strandlooper

Säbelschnäbler			
Kampfläufer	Walsk-han	Bruus-hen	
Silbermöwe	Kub	Sölverkub,Kathals	Koab
Sturmmöwe	Meew	Buur	Möwke
Lachmöwe		Lachebuur	Möwke
Flußseeschwalbe	Baker	Roadfutet ker	Kiir
Küstenseeschwalbe	Dollbaker	Roadnabet ker	Kiir
Zwergseeschalbe	Sternk	Letj ker	Quitt
Brandseeschwalbe	Huuchsternk	Ker	

Vogelfotografie

Die Begegnung mit der vielfältigen Vogelwelt erweckt im Urlauber – vielleicht auch angeregt von Fernsehfilmen über die Natur – den Wunsch, Erlebnisse und Beobachtungen im Bilde festzuhalten. Vogelfotografie kann jedoch zu einer schweren Störung der Vögel führen, wenn sie nicht fachgerecht betrieben wird. Besitzer von Kameras oder Filmapparaten mit Normalobjektiv merken bald, daß selbst ein so großer Vogel wie die Silbermöwe bei einer Aufnahmeentfernung von nur 5 Metern lediglich als Punkt auf dem Bild erscheint. Grundsätzlich gilt deshalb, daß man Spiegelreflexkameras (z. B. Minolta) mit langbrennweitigen Tele- oder Fernobjektiven (Novoflex) verwenden muß, um zufriedenstellende Resultate zu erzielen. Spiegelreflexkameras zeichnen sich dadurch aus, daß man durch das Objektiv über einen Spiegel das Objekt bzw. Motiv abbildungsgerecht im Auge hat und exakt scharf einstellen kann. Der zweite Vorteil einer Spiegelreflexkamera besteht in der Möglichkeit, Objektive auszuwechseln, so daß man mit Spezialobjekten sowohl im Nahbereich (Blumen, Schmetterlinge usw.) als auch im Fernbereich seine Motive suchen kann.

Für Vogelaufnahmen werden durchweg Objektive mit einer Brennweite von 40 cm verwendet. Trotzdem muß man z. B. an Regenpfeifer und Seeschwalben auf rund 5 m, an Austernfischer und Möwen auf etwa 7–10 m heran, um eine genügend große Abbildung zu erreichen. Die durchschnittliche Fluchtdistanz der meisten See-

Tarnzelt für die Vogelfotografie

und Strandvögel liegt jedoch über 20 m, so daß es notwendig ist, sich eines Versteckes zu bedienen, um näher an die Vögel heranzukommen. Am wirkungsvollsten ist ein einfaches, aus Sackleinen oder ähnlich unauffälligen Stoffen gebasteltes Zelt. Steht ein solches Zelt, das wegen des Windes gut verankert sein muß, längere Zeit am Wattufer, an Wassertränken usw., gewöhnen sich die Vögel daran und nähern sich bis auf wenige Meter. Sicherster Erscheinungsort eines Vogels ist sein Nest. Doch darf ein Tarnzelt nicht gleich in der benötigten Aufnahmeentfernung an ein Nest aufgestellt werden, weil die Gefahr, daß der Vogel sein Gelege aufgibt, sehr groß ist. Vielmehr muß das Tarnzelt über mehrere Tage hin aus einer Entfernung von etwa 100 Metern Stück für Stück nähergerückt werden, so daß der Vogel damit vertraut wird. Zwecks Fotografieren kann man jedoch nicht einfach in das Tarnzelt verschwinden und erwarten, daß der vom Nest gelaufene oder geflogene Vogel gleich zurückkehrt! Der Vogel weiß, daß ein Mensch im Zelt verborgen ist! Er muß deshalb überlistet werden, und dies geschieht durch die Mitnahme von Begleitpersonen, die, sobald man im Tarnzelt verschwunden ist, weitergehen. Der Vogel, der nicht im menschlichen Sinne »zählen« kann, sah Menschen kommen und gehen. Er überwindet schließlich seine letzte Scheu und kommt zurück. Bewegungen des Objektives oder Auslösegeräusche stören ihn in der Regel nicht, weil er den Menschen oder andere Feinde nicht damit in Zusammenhang bringt.

Um besonders wirkungsvolle Fotos zu erzielen, sollte man ungeachtet des geringen Schärfenbereiches eines Teleobjektives immer mit offener Blende fotografieren. Dadurch löst sich der scharf abgebildete Vogel deutlich vom unscharfen Vorder- und Hintergrund. Dank der großen Helligkeit an der See kam man mit niedrigempfindlichen, feinkörnigen Filmen, z. B. Agfa IFF 15 DIN, fotografieren. Für Farbdias bewährt sich nach wie vor der Agfa CT 18.

Schrifttum – Quellenverzeichnis

Arfsten, R. – »Führer Vogelbuch«, Wyk 1957
Brehm, K. – »Seevogelschutzgebiet Hauke-Haien-Koog«, Barmstedt 1971
Cerny, W. – »Welcher Vogel ist das?«, Stuttgart 1973
Danmarks Dyreverden, Bände 6 und 7, Kopenhagen 1970
Dircksen, R. – »Vogelvolk auf weiter Reise«, Gütersloh 1961
ders. – »Die grüne Insel Spiekeroog«, Herford 1963
Erz, W. – »Nationalpark Wattenmeer«, Hamburg 1972
Goethe, F. – »Die Silbermöwe«, Wittenberg 1956
Großkopf, G. – »Die Vögel der Insel Wangerooge«, Jever 1968
Hartung, W. – »Mellum – ein Vogelparadies«, Oldenburg 1950
Kumerloeve, H. – »Die Brutvogelwelt der Nordfriesischen Inseln Föhr und Amrum«, Hamburg 1963
Lemke, W. – »Die Brutvögel Neuwerks einst und jetzt«, Hamburg 1975
Makatsch, W. – »Die Vögel an Strand und Watt«, Melsungen 1962
Meier, O. G. – »Trischen, die wandernde Insel«, Heide 1962
Pundt, G. – »Memmert, Portrait einer Seevogelinsel«, München 1969
Peitzmeier, J. – »Die Brutvogelfauna der Nordseeinsel Borkum« in: Abhandlungen aus dem Landesmuseum Münster, Münster 1961
Quedens, G. – »Amrum«, Breklum 1969
ders. – »Föhr«, Breklum 1973
ders. – »Die Halligen«, Breklum 1974
ders. – »Die Tierwelt der Insel Amrum«, in: Nordfriesland, Heft 29, Bredstedt 1974
ders. – »Die Vogelwelt der Insel Amrum«, Hamburg 1983
ders. – »Strand, Küste, Wattenmeer«, München 1984
Schoenhagel, E. – »Die Vogelwelt der Nordseeinsel Borkum«
ders. – »Brut- und Gastvögel auf Borkum« in Ornithologische Mitteilungen« Heft 7, 1972 und Heft 10, Oktober 1974, Wiesbaden
Schwarthoff, H. – »Hallig Südfall – Jordsand-Schutzgebiet im historischen Rungholtwatt« in Jordsand-Mitteilungen Heft 3–4, Hamburg 1968
Temme, M. – »Vogelfreistätte Scharhörn« in Jordsand-Mitteilungen Heft 1–4, Hamburg 1967
Vauk, G. – »Die Vögel Helgolands«, Hamburg 1972